誰是我？

意識的哲學與科學

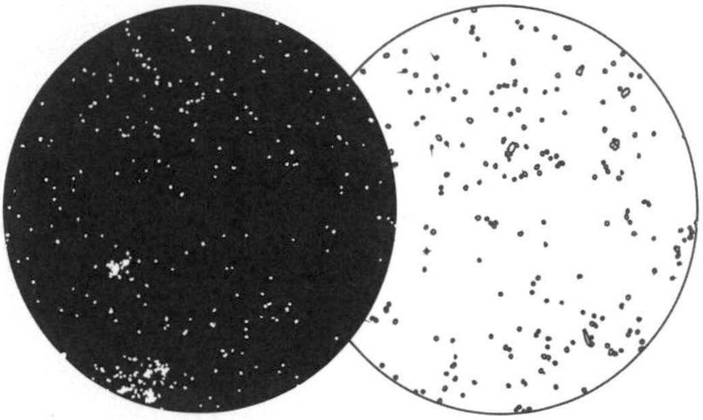

洪裕宏 著

推薦序

暢談心靈與意識哲學重要議題的好書

黃榮村（中國醫藥大學生物醫學研究所講座教授）

英文在推崇一本書寫得很好時，習慣用 a delight of reading（充滿閱讀的喜悅）或 page-turner（愛不釋手、一口氣讀完）描述心中的感受。我讀完這本洪裕宏教授寫的《誰是我？意識的哲學與科學》之後，也有同樣的感覺。

作者全方位而有系統地將當代的心靈與意識哲學及科學研究引入臺灣，身為先行者，本書盡可能地涵蓋意識研究中的所有重要議題，並以批判性觀點，在本書中討論最根本的問題，引用最新資料，提出具有一致性的看法，並在這些基礎上建構出可供檢驗的世界觀點。雖然作者已經敬告讀者，這不是一本容易閱讀的書，也是一本與唯物論、物理論以及碎裂世界觀決裂的書，但本書在敍述意識研究的發展史時，處處可見有趣的故事。

書裡包含了以下觀念：心物二元論、身體與心靈如何互動、我思故我在、獨我論；物理時間與心理時間的對應、神經就緒、心靈時間、自由意志；臉孔辨識不能、身體與痛覺辨識不能、單側忽略、卡普格拉症、科塔爾症、裂腦、自身幻視、盲視、閉鎖等類症狀；動物意識與機器人意識；涂林算機、通用涂林算機與電腦、強ＡＩ與弱ＡＩ、涂林測試與華語房間論證、停機問題、葛代爾不完備定理、類神經網路與聯結論；ＮＣＣ意識的神經關聯、心腦同一論、神經達爾文主義、動態核心假說、振頻同步化與共振、全面性工作空間理論、訊息整合理論；易解與難解問題、蝙蝠的感覺、主體性、自我實體論；橡膠手與幻肢錯覺、離身經驗；突現性質、唯物論、中性一元論、二元論。能在一本書中縱橫談論這些複雜又具爭議性的議題，在臺灣若要找什麼人來完成這個任務，大概也只能找裕宏兄了！

因為他真懂，所以談論這些概念與問題的根本部分時，清楚扼要，沒有模糊的空間。我也跟著回想起過去二、三十年，在這些議題上走過的學習與研究路程。舉兩個例子，他短短幾行話就清楚又有趣的點出問題：一、「找到意識的神經關聯不表示得到一個科學解釋，充其量只能說這個神經關聯是意識產生的必要條件。最終目的是希望找到意識產生的充分條件，也就是說只要這些腦區活化到一定程序，一定會產生意識。」二、「整個大學校園的氣氛就是唯物論和無神論。可是離開校園，教堂到處可見，多得不得了，簡直和臺灣的土地公廟密度一樣高。校園外的氣氛是二元論和有神論。」

本書還能瞭解洪裕宏的人生故事。一位活生生、想法強烈的人，談論哲學、認知科學、神經科學與ＡＩ之相關世界觀時，虎虎生風，觀點獨具，在常識與證據上亦可使人清楚理解，當代能與他抗衡的人不會太多。他近年則重拾小時的興趣，在第八、九章中改從物理學觀點看心靈與意識，並在此基礎上討論世界觀，這時就變得不是那麼直覺與落實了，不過也算符合心靈與意識這種困難問題的本質。這一反省式的走向，究竟是呈現了心靈與意識研究中，「山重水複疑無路，柳暗花明又一村」的境界，還是「眼前無路想回頭」的困境，相信裕宏兄一定是心裡有譜的。

推薦序

知識大海中的自由人

傅大爲（國立陽明大學科技與社會研究所教授）

我和洪裕宏是三十多年的老友。三十年前，我和他都在美國讀哲學的博士學位，我在紐約，他在印第安那州，後來他在美的最後一年（一九八五年至一九八六年）搬來紐澤西住，所以我們有更多在一起聊天與交流的機會。那個時候的洪裕宏，意氣風發，正在完成兩個博士學位（哲學與認知科學），同時，他對人文社會的理論還有臺灣的社會議題，也十分關心，和當年也在紐約讀科學史的洪萬生一起，我們三人有很多可以聊很久的事情。

後來裕宏回臺灣，先在中研院歐美所工作，後來則移師南下到中正大學，開始開拓與發展南臺灣的分析哲學。同時，那也是個百花齊放、社運翻天的解嚴後的年代，漸漸地，裕宏參與公共知識分子事務的時間愈來愈多，除了繼續研究哲學、在中正大學改革通識教育外，裕宏後來直接負責與主持了一些社會公民運動的重要組織，包括了澄社、科學月刊社、憲改聯盟等。後來他再揮軍北上，被邀請到陽明大學神經科學研究所做研究，進而開始籌備陽明的人文社會學院、並主持陽明人社院的心智哲學研究所，同時，他進入民視新聞臺，幾乎每天晚上都在熱門的「頭家來開講」政論節目中討論時政，成為該節目的常駐哲學家，前後可有八年之久吧，連海峽對岸的分析哲學家們都知道洪裕宏的大名。之後，在直接貢獻臺灣社會如此之久後，裕宏在公共領域外暫時休息，同時也更專精地持續他前後有三十多年的心智哲學、意識哲學的研究。

在以上這樣一個特出的背景下，裕宏這兩、三年開始積極寫書，在今年完成了《誰是我？意識的哲學與科學》一書，並找我也為他寫一篇推薦序。以下，我就大致以三點來推薦此書。

首先，這是一本相當新奇而有趣的洪裕宏之書。在知道裕宏的背景之後，我們可以看裕宏說了什麼，還有他沒說什麼（沉默），我們也可以看他說了什麼預期中的事物，如心智、意識、腦神經、自閉症等，但同時還可看他說了什麼預期之外的更多有趣事物，包括蝙蝠、機器人、老子、上帝與靈魂不朽等。

其次，我們知道，在各種科學新知、科普奇論層出不窮的今天，固然它們都十分精彩，但也常給人一種新知的零碎感。裕宏此書雖然不想提出一個統合一切的理論，但他卻把這些科學新知的片斷，前後聯繫起來，成為一個很有意義的整體。特別是透過裕宏研究意識哲學二、三十載的功力，他可以串起莊周夢蝶、涂林機器、腦傷與中風、葛代爾不完備定理、碎形與單子，到最後的從一粒沙看世界。要注意的是，裕宏在這裡並沒有天馬行空，而是透過紮實的物理論、動物與人工智慧的思考，一一把這些片斷整合起來，成為他的這本《誰是我？意識的哲學與科學》。

其三，從這本書的字裡行間來看，我們也看到一個哲學家，如何從唯物論的少年，到奉行物理論與層次論的壯年，繼而進入哲學成熟期（世界本一體）的哲學歷程。還有與這個哲學歷程平行的另一個知識分子的歷程，那是裕宏如何從一個高度參與公共事務的學者、一個積極介入學院政治（從中正到陽明）的大學教授，逐漸轉而深邃與回復，我們看到裕宏如何伸縮自如、如何回首與深耕哲學，並旁及物理學、腦神經科學、動物與機器人研究等的科學之海。

我與裕宏相識相知超過三十年，但真正成為同事的，大概就是我從二〇〇七年來陽明的這近十年。在各種會議場合、公開與私下，在這個運用管理學與評量術來度量學術、來評鑑學者的年代，裕宏仍能堅持寫出一本不為累積學術積分、不為迎合世俗價值的奇書，真真難能可貴。這正是哲學家的本色。裕宏也真是一位知識大海中的自由人。

推薦序

一張理解概念世界的地圖

謝伯讓（杜克—新加坡國立大學醫學研究院助理教授）

這不只是今年最令人期待的一本書，而是近二十年來最令我期待的一本書。二〇〇一年二月，好不容易熬過兩輪寒暑的兵役，我滿心期待著退伍以進入人生的下一個階段。當時，我已經打定要走上研究之路，心中認定的目標學門只有一門，就是新興的認知科學，而研究主題也只有一個，就是人類的心靈、大腦與意識現象。

認知科學在當年還只是一門剛興起的複雜學門，而我在大學時的生命科學背景，只提供了非常薄弱的認知科學基礎，該領域所必需的計算、哲學、心理學、語言學和神經科學等重要元素，我可以說是「一應俱缺」。於是我決定先在臺灣念完碩士、補齊適當的學識背景之後，再出國學習認知科學。但是，究竟應該要讀什麼碩士？又該向哪位老師學習？在向臺大心理系的黃榮村老師、梁庚辰老師以及臺大哲學系的黃懿梅老師求助之後，三位老師不約而同地推薦了一個名字：中正大學的洪裕宏老師。

當時即將退伍的我，馬上就寫信給這位洪裕宏老師，接著便參加甄試，順利進入了中正大學哲學系研究所。一退伍之後，挾著因荒廢兩年學業而急欲彌補的巨大學習動力，我在開學前的暑假，就迫不及待地進駐嘉義，並且懇請洪老師帶著我和幾位當時中正哲學系的學生以及研究生，一起研讀意識的相關哲學資料。

在這個暑假以及接下來兩年的哲學訓練中，我所學到的知識概念之廣度與深度，可謂空前絕後，就連之後在美國博士班的學習內容，也都很難望其項背。洪老師不僅幫助我獲得了許多基本知識，更協助我深究各種概念、理論與思考方法，而最難得的，則是他提供一張用來理解概念世界的「地圖」，透過這張心智地圖，我才終於可以釐清各派思想名家與其爭奇鬥豔之理論背後的緣由、關係與脈絡。這段時間與經歷的震撼之大，甚至讓我一度願意放棄出國、並想留在臺灣隨洪老師攻讀博士學位。而毫無私心的洪老師知道我的想法後，只是笑一笑，然後全力把我推薦出國。

十六年後的今天，我的人生與學識之啟蒙的最大推手，出版了他畢生思想的結晶。透過這本書，那些曾經陶冶我的概念，也將會對大家產生影響；透過這本書，那些曾經衝擊我的思想，也將會對大家造成震撼、透過這本書，那張曾經引領我穿越複雜心靈哲學世界的地圖，也將會再度為大家指路；透過這本書，我可以很驕傲地說：我的導師也將成為每一個想要探索意識、自我與世界之人的導師。

作者序

我在南投草屯的鄉下出生長大。在那個經濟、文化與知識匱乏的年代，很難想像一個小學畢業時，除了教科書之外，沒看過幾本書的小孩，進入臺中一中初中部就讀後，是如何著迷於物理學與幾何代數。當年徐氏基金會出版了一些科普的書，我買了一本《相對論入門》，開始對大宇宙產生好奇，也夢想有一天像愛因斯坦一樣偉大。六〇年代的臺灣鄉下工廠很少，溪水清澈，到處都是魚蝦。夜晚的星空也格外閃亮，我對這麼多星星感到困惑。我想知道遙遠的星空世界是什麼？這世界為何這麼大？人這麼渺小，有何意義？世界怎麼來的？為什麼要有這世界？

學校的理化課只教一些呆板的東西。沒有老師的輔導，初中生的頭腦實在想不通這些問題。不過這開啟了我後來對形上學與心靈哲學的興趣。從臺大哲學系畢業後，我去了美國印第安那大學。當時的印大在哲學學門全美排行前五名。我甚至放棄了MIT、約翰·霍普金斯大學和多倫多大學的入學許可，選擇印大。印大的強處恰好在邏輯和形上學。我選擇心靈哲學做為研究主題。系上的同學都不是省油的燈，有幾個甚至放棄哈佛而來。後來對心靈哲學和意識研究有很大貢獻的查默斯（David Chalmers）就是我的同學之一。我是印大第一個研究類神經網路的哲學博士生，也連帶影響了其他人，查默斯也做過類神經網路，不知道是否受我影響。後來他轉向意識研究，換他來影響我，到了一九九二年左右，我已在中央研究院工作，開始全心專攻意識問題，從此做了一輩子的意識研究。

在學術資源匱乏的臺灣，要在意識研究領域做出貢獻，不是容易的事。臺灣的意識研究幾乎是從零開始。我特別要感謝曾志朗院士和戴浩一教授。我在一九九三年應中正大學林清江校長的邀請，前往創辦哲學研究所；加上曾志朗院士和戴浩一教授分別創辦心理系和語言研究所，形成中正大學的認知科學研究團隊。我的研究受益於這個團隊甚大，在荒郊野外的大學中生活與研究，這兩位放棄美國名校教職、回到臺灣服務的重量級學者，是大家的精神支柱。曾院士擔任陽明大學校長時，邀請我到陽明任教，後來他去擔任教育部長，遂由新任校長吳妍華安排我到神經科學研究所任教，這六年期間給我學習神經科學的黃金機會，打下了建立意識研究群的基礎。

我於二〇〇六年接受「意識科學研究學會」（Association for the Scientific Studies of Consciousness, ASSC）的委託，舉辦二〇〇八年臺北的第十二屆年會。要特別感謝曾任教育部長的中國醫藥大學黃榮村校長，在經費的籌措上幫很大的忙。此外，若非黃校長與臺大心理系的梁庚辰教授和葉素玲教授慨允擔任籌備委員，臺北年會不可能廣受讚譽，成為國際意識研究社群津津樂道的一次年會。更重要的，他們三位推動相關實驗室發表論文，使得三百多篇論文中，約有五分之一是臺灣學者提出的論文。這次年會提升了我們的國際地位，臺北被視為意識研究的重要據點。

回國任教近三十年，很多時間花在創辦中正大學哲學系、陽明大學人文與社會科學院和心智哲學研究所，也花很多時間在推動國際合作，當然最多時間花在培育學生，培養了二十位碩士和二十位博士。多年來，我一直想寫書，有很多點子，卻始終抽不出時間來寫。大約一年前，時報出版公司的李采洪總編輯願意在八字都還沒有一撇的時候，簽下出版契約。在履約的壓力下，終於完成這本書。

雖然我用了大量的物理學、人工智慧、腦科學、動物行為學和哲學的材料，但這本書不是科普、也不是哲普，它可以說是代表我一生尋求「心靈是什麼？」與「世界是什麼？」的成果。小時候的我是唯物論與科學主義者，厭惡神祕主義與宗教信仰。現在的我已經沒有那麼武斷，歲月教我謙遜。奈格（Thomas Nagel）在二〇一二年出版了《心靈與宇宙：為什麼唯物論者的新達爾文主義幾乎確定是錯的》，和奈格的書相呼應，這本書可以說是我與唯物論、物理論以及碎裂世界觀的決裂。

除了翻譯書之外，我注意到這樣的書在臺灣是稀少的。這本書涵蓋了許多不同的知識領域，試圖處理許多根本性的問題，而且引用資料都是最新的，可以帶領讀者到思考心靈與世界問題的最前線。如果願意耐心讀完全書，我相信會獲得極強的刺激，感受思想與情感的淬煉，建立起全新的世界觀，世界將變得不一樣；或者你不贊同本書的觀點，那麼將遭逢強力的對手，要駁倒本書論點將非易事。這不是一本容易的書，但是將是一本重要的書。

在撰寫這本書期間，要特別感謝時報出版公司李采洪總編輯和邱憶伶主編，讓本書出版成為可能，也謝謝責任編輯陳劭頤細心且專業的編校。其次要感謝我的學生洪瑞璘協助出版事宜。陽明大學的林映彤助理教授和嚴如玉助理教授在許多問題的討論給我很好的建議，林映彤教授更為本書撰寫精彩的導讀。學生詹斯敏幫忙畫全部的插圖。謝伯讓、杜培基、邱千蕙、簡芃、冀劍制等在意識研究群的發展上使了不少力。學生林庭安、秦蕙敏、陳柏青和吳心萍對本書的完成提供實質或精神上的支持。最後，最要感謝的是俞彥娟博士，她承擔了全書的打字、校對、順稿與提供許多寶貴的意見。她在生活上的照顧讓我得以全心完成本書。這本書獻給她。

目錄

Contents

導讀

從意識與世界的根本，到自我與意義的探索

林映彤（陽明大學心智哲學研究所助理教授）

意識出現之前，一切安好。
沒有人承受病痛、情愛或損失，沒有人瞭解懊悔、渴求的願望，或苦澀的妒忌；沒有人在乎任何失敗或苦難所帶來的破壞。

——湯瑪斯．哈代〈生前與死後〉（Thomas Hardy, "Before Life and After"）

意識——似乎沒有什麼比它來得更直接、更親密了。

意識將這個世界呈現給你，讓你以不同質地的感受接觸世界，令你陶醉的、厭惡的、平淡的；意識讓你沉浸於過去的回憶、體驗未來的可能性、想像不存在的事物；意識是所有意義的基礎，驅動你、逼你逃避；最重要地，意識讓「你」存在於這個空間、這個時間。

意識幾乎是你的一切。沒有意識，你的世界和你都不存在。當我們歡欣鼓舞迎接新生兒，看著一個新的生物體呼吸、哭泣、拳打腳踢、對外界有所反應，著實令人驚豔。然而，更不可思議的巨變，藏在嬰兒那雙大眼的背後。對這個寶寶而言，一個世界就此展開：新生兒自己隨著整個宇宙，一同從虛無中誕生。上述過程，每個人都經歷過，這是件多麼詭異的事：科學教科書告訴我們，自百億年來，這浩瀚無垠的宇宙中，沒有你、我、我們，沒有一點感覺。突然間，在某個時空點，我存在了，我開始在這裡出現，世界出現一個中心、一個觀點，也有了感覺。宇宙是否因為我的出現，產生一絲波瀾？

當踏著浪，看著海，想著海與天交會之外的遼闊；當被黑暗包圍，盯著天上的星空，我的存在、我的感受，似乎無比微小，對這個宇宙毫無影響。但當沉浸於幸福與快樂，當難受想哭，你的感受卻是一切，它完全地滲透、占據你，世界也因此染上某種色調。我們想理解自我經驗與世界的關係，主觀意識與客觀世界，如何放在一起？這是本書處理的核心問題，也是千年以來，讓哲學家頭痛的禍首。意識為何？世界最根本的存在是什麼，是否有心靈的位置？我們能夠認識意識與世界的本質嗎？

哲學家們憑藉觀察、豐富的想像力與分析綜合能力，試圖勾勒出一個世界觀，讓他們各自安心入睡。如今，意識是各領域學者以不同角度切入探討的核心問題，包括心理學、神經科學、精神醫學、物理學、數學、資訊工程等。

在心靈哲學領域，本書作者洪裕宏教授是臺灣當代最重要的哲學家。具有哲學與認知科學雙博士學位，熟悉神經科學，研究意識問題達三十年以上。在本書中，他以哲學觀點，檢討當前各領域的意識研究與困境，並提出一套具有原創性和啟發性的理論架構。也許你覺得對意識的探究過於學術，似乎只有文青或好奇心過剩、閒閒沒事做的知識追求者，才會感興趣；不過事實不必然如此。

長久以來，探索此問題之最終動機，在於瞭解自己，釐清自我存在的意義。我們不難發現，世間大多煩惱皆與「我」相關，都從自身出發：我的家人、我的朋友、我的愛人、我的工作，我是什麼樣的人？我想成為什麼樣的人？也許夜深人靜或受到打擊時，我們有更深層的探索：事件發生的意義為何？為什麼我的遭遇如此？人生為了什麼？自己存在的價值為何？我們探索自我存在的意義，我們尋求一套能夠自我認同並依循的人生觀點。

「意義」這個問題，跨領域的意識研究者較少碰觸，似乎比意識更為神祕，卻與意識和自我的本體問題脫離不了關係。當你對自己存在的意義、與他人之間的關係、如何看待事件的發展等問題產生疑惑，若是想認真思考這些問題，而不只滿足於一些暫時說服你的說法，你得回到最根本的問題：「我是什麼？」「我如何存在？」

本書用輕鬆的語言，清楚簡單的描述，透過作者個人經歷與思想發展歷程，帶領讀者從哲學與科學的研究，深入挖掘意識與自我的基本問題，開創一套嶄新的世界觀。這觀點同時蘊含了一個人生觀，你對意義的追尋不會在本書中到達終點，但它將給你想像的資源，供你在人生的旅程中，建立自我人生觀點的素材。本書是我推薦給所有人的一趟哲學之旅。

解開意識之謎

意識的問題如何解決？今年兩個重要的意識年會「意識科學研究學會」和「意識科學會議」（The Science of Consciousness, TSC）整理了幾個當下最具影響力與發展潛能的意識理論：「全腦工作平臺理論」以長距離神經連結所產生的全面性活化形態做為意識的神經基礎；「訊息整合理論」試圖公理化意識經驗，利用數學捕捉意識的程度和內容，將意識等同於無法化約的訊息結構；「預測歷程理論」（predictive processing theory）將腦視為階層式的預測機器，我們的感知是大腦由上而下的預測，產生一個模擬真實世界的內在模型；「量子意識理論」主張大腦是一個量子系統，以量子崩現解釋意識現象。在這些處理意識的各種途徑之中，除了量子意識理論之外，其餘皆發展自腦神經科學研究，在普遍認同的物理學觀點之上，試圖在認知功能或是神經生理層次，找一個安置意識和心靈現象的位置。

即便意識研究在近十年蓬勃發展，各種理論不斷推陳出新，哲學家的角色與貢獻似乎不如以往。除了進行分析探討，對局部議題具有創見之外，哲學家很久沒有提出一個全面性的意識理論架構。過去哲學家在心靈問題上扮演開創性的角色，啟發科學開展全新的研究方向，例如普特南和弗德為功能論的開啟者。不靠經驗科學，現今的沉思者想像力逐漸枯竭，物理學反而提供精彩豐富且迴異的狂想。

這似乎是一個趨勢，物理學家們出的新書，至少會花一部分篇幅處理意識問題。例如麻省理工學院宇宙學家泰格馬克的《這個數學宇宙》、加州理工學院宇宙學家卡羅的《宇宙宏圖》、知名義大利物理學家羅維理（Carlo Rovelli）的《七堂物理課》。

泰格馬克視意識為突現的性質（emergent property），由於物理性質（例如一顆電子的所有物理性質）都可以被數學捕捉，他主張真實世界的存在（例如電子本身）事實上就是數學結構，其中也包含你和我。意識則是突現於某一種複雜的結構，就如不同的結構產生液體或固體等突現性質。此觀點呼應訊息整合理論，然而兩個理論的本體主張大相徑庭。順帶一提，另一個泰格馬克理論的瘋狂之處，在於他多重宇宙的世界觀。宇宙不只一個，而是多個平行存在，他認為至少存在四個層級的多重宇宙，從理論上可觀察到、分享共同物理律、共同初始狀態的宇宙，到不可觀察、不同初始狀態，到不同物理律的宇宙。根據多重宇宙的主張，在某個遠方，存在一個幾乎和我們無法區分的星球，住著幾乎和我們無法區分的你我，同樣對此瘋狂想法感到驚奇。

卡羅則充滿雄心壯志，做為一個理論物理學家，在書中除了探討物理學問題，提出他的量子場論，還試圖把生命、意識與意義，放入他的理論。卡羅也將意識當作突現性質，否定意識為世界的根本存在，它是我們發展用來有效地描述世界的概念。意識雖然不屬於基本存在，但只要有用，就具有意義。此主張卡羅稱為「詩意的自然主義」（poetic naturalism）。也許你對泰格馬克和卡羅處理意識的方法不甚滿意，但這裡想凸顯的重點，在於物理學和神經科學理論，處理意識問題上的差異。

物理學家所提出的世界觀，不同於認知神經生物學層次的理論。後者預設一套不須細究的物理本體架構，試圖將意識整編進去；物理學家則從根本處理物理問題，並將意識視為存在這個世界的重要現象，試圖給予一個整體的解釋。物理學家追求萬物理論（theory of everything）的野心，似乎從物理現象中的大世界和小世界，擴展至涵括心靈現象。而透過對於基本問題的探究，物理學的豐富理論概念和發展空間，提供哲學家處理意識問題的一條途徑。

本書作者即選擇這條路，回到物理學尋找意識之謎的解方。

整體的世界觀：以訊息為基礎

本書從回顧傳統哲學對心靈的探究開始（第二章），提供讀者從笛卡兒至今的歷史脈絡，心靈哲學如何從二元論、行為主義、同一論、功能論發展至今，他們的問題與困難是什麼？哪些是曾經犯過的錯誤或遭遇的困境？瞭解的目的，在於避免它們以新的樣貌重新出現。

即便意識的存在是多麼讓人困惑，卻也沒有什麼比它的存在更理所當然。只要醒著、有能力思考、有經驗感受時，意識一直都在，我們自然地享受（或苦於）它的存在，習慣它以一貫的方式出現。因此變異的心理狀態（第三章），讓我們檢視意識的各種崩解樣貌，讓我們試圖拼湊意識與自我經驗的結構；而其他物種（第四章）、電腦或機器人（第五章），不同結構或材質的系統，則供我們瞭解心靈現象的範疇與可能的物理基礎與限制。而腦的作用究竟為何？經驗與神經結構和腦狀態，存在一定層次程度的關聯，我們是否能夠在這個層次解決意識問題？難解的問題如詛咒一般，陰魂不散，科學和心靈現象之間的鴻溝，是否能夠跨越（第五、六章）？

後三章為本書最精彩的核心思想。由於物理論在解釋意識上遭遇瓶頸，作者回到最基本的問題，探究世界的根本，重整世界觀。在物理學方面受到惠勒和玻姆的影響，哲學方面受史賓諾沙和萊布尼茲的啟發，作者主張世界最基本的存在非物質，而是訊息。與向農的訊息概念區分，作者稱其為「意識潛能」，存在於隱入秩序（implicate order）。而你摸得到的、看得到的、熟悉的一切，都不是根本存在，包括你、我、你愛的人們、你在乎的一切，全都不是最根本的真實。我們都活在顯出秩序（explicate order），這一層的存在皆似幻影。我們認識的物質世界與熟悉的心靈世界，都是由隱入秩序的訊息展開的浪花。而訊息做為世界的根本，具有整體性，無法被分割，所謂獨立、個體的概念，只適用於顯出秩序的存在，只是表象。

令人不滿足地，此書在最精彩的部分結束，留下諸多困惑與玄思，似乎也埋下了伏筆。根據作者的理論，我們活在某一種虛擬世界中，或更精準地說：所有一切，包括我們的存在，都是虛擬的。到底我們是不是活在模擬世界？這是近期熱門的話題。在矽谷，相信這是模擬世界的人不少，他們大概看到了科技發展的潛力而如此相信。消息指出，兩位矽谷的科技富豪，因而暗中尋求科學家的協助，希望破解模擬世界。英國杜倫大學和荷蘭萊頓大學共同合作進行的「星系與周遭環境的演化與形成」（Evolution and Assembly of Galaxies and their Environment, EAGLE）計畫，利用超級電腦，已在模擬宇宙（一個三億光年的立方體的模擬世界）中創造了一萬個類似銀河系大小的星系，模擬出的星系與真實星系相似度極高。未來升級超級電腦後，還要擴大模擬。模擬世界的假說，怎會不可能呢？

令人好奇的是，本書提出的世界觀，是否容得下自由意志？我的決定、行動或是不作為，是否已被底層的訊息所決定？我們以為有意志的行動，只是錯覺？如果是如此，生活在顯出秩序的我們，就如同ＨＢＯ影集《西方極樂園》（*Westworld*）中的機器人接待員。《西方極樂園》影集描述一個模擬美國西部的遊樂園，來訪的遊客能夠對機器人接待員做任何事，包括在真實世界中，因道德或種種因素而無法進行的行為。這些機器人已經通過涂林測試，行為和認知功能幾乎與人無異。在一段劇情中，一個女機器人相信她有自由意志，自己決定說什麼話、做什麼事。人類工程師告訴她，這一切都已經寫在她的程式裡。在她反駁的當下，她說出口的每一個字，同時自動地呈現在工程師的控制板上。

此外，本書作者的觀點意味著，腦神經科學的研究在錯誤的層次找答案，心靈與物理之間的關係，實際上存在於訊息的整體。若接受此理論主張的訊息整體性，似乎指向一個整體觀點的研究方向。我支持瑟勒對於神經科學研究的批判，當今的研究所面臨的困境，在於其預設現象原子論（phenomenal atomism）的觀點，預設經驗是由可獨立存在的部分經驗組構而成。我認為應採取現象整理論（phenomenal holism）的觀點，所有的經驗皆為整體，無法分割，此觀點將有機會發展出新的神經科學架構。現象整體論的主張，部分與本書作者的觀點不謀而合。根據作者的理論，以整體的架構探究世界與心靈，我們也許有機會對隱入秩序的訊息有更深入的認識，而間接碰觸到世界的根本。

訊息的整體性也帶出另一層意義。我們經驗到的世界，似乎存在獨立個體與個體之間的差異和疏離。然而根據本書，這些殊異，來自於使用了錯誤的理解架構，因而無法捕捉其整體性。所有看似獨立存在的物質與個體，皆源於整體的訊息。此理論提供了一個群體性的觀點來理解自我和他人，沒有任何人能夠獨立於任何一個人而存在，無論是親近的人，還是最遙遠、看似與自己毫無相干的人，我們在根本上同源。

重視意識的社會

這本書的重要性不只在於意識研究上的貢獻，它是第一本具有臺灣哲學家創見、探討意識哲學的專書。我相信它的出現，將引發大眾對於意識研究的興趣，並提升對此領域的認識，瞭解探討意識之重要性。

為何瞭解意識如此重要？其研究進展對於眾多當前的議題可帶來重大的影響。除了對精神疾病、腦傷患者等能產生直接效益之外，這裡我只略述其中兩點。

第一，近年來科技產業界最常討論的問題是：人工智慧的發展，造成原本依靠人力的工作，逐漸被機器與電腦取代。這是繼工業革命後，由數位革命掀起的新一波衝擊，而且正在發生，歐洲銀行ＩＮＧ不惜花二十億美金，替換掉近六千名員工；富士康大規模自動化，裁員約六萬人，報章雜誌不乏以上相關報導。

這顯示未來的工作型態將有巨大的轉變，大部分現有的工作，人工智慧都能勝任，逐漸不需要人力。哪一些工作是人工智慧所擅長？哪一些無法被取代？又有哪些新的工作產生？回答上述問題仰賴我們對於人工智慧與人性的認識，計算理論與神經網路的探討有助於預測其發展與限制（參考本書第五章）。倫敦大學學院已發展出「法官」人工智慧軟體的雛形，它具有預測判決結果的能力，成功率高達五分之四，這只是眾多案例之一。

無論在經濟、產業、教育等各層面，臺灣社會要如何因應未來的轉變？泰格馬克等人成立了「未來生命學院」（Future of Life Institute），處理人工智慧和科技發展帶給人類社會的問題，物理學家霍金、意識研究者科赫、宇宙學家古斯（Alan Guth）、模擬假說的提出者博斯特倫、演員摩根・費里曼（Morgan Freeman）、特斯拉執行長馬斯克（Elon Musk）等人皆參與其中。他們相信科技將有機會讓人類過更有意義的生活，也可能造成自我毀滅，而現在就該開始思考及行動。

第二，一個社會對意識的重視程度，反應這個社會如何看待人、是否尊重人的存在價值。當我們談論人的基本生活，應該具備哪些條件？是否滿足食、衣、住、行的基本需求就足夠？基本物質需求的滿足是否又足以達到幸福？我想大多數的人認為不夠。然而一個由資本主義、市場價值宰制的現代世界，我們似乎只確保人們在物質上有最低的滿足，便認為已是足夠的照顧。如此程度的滿足，只為了能讓人類發揮功用，並足以成為可用、好用的人力，但人不會認為自我的價值僅止於此，不只為了生存或有所功用，應該還有更多；儘管對於更多的這部分，每個人的定義不同。

對較為簡單的生物而言，存在的意義也許只為了生存。然而，人類科技與文明發展至今，我們對人的尊重該往前進了。這意味著各層面需要概念性的調整。教育是最好的例子。教育的意義為何？這問題的答案顯示我們如何看待人的價值。當教育只著重在產業市場需求，或功能性的面向，我們等於忽略了世界的一大部分：心靈的面向。在人文教育與性格培養的努力，是否足以讓孩子面對困難？是否有能力生活於複雜意義編織而成的人類社會，並進行自我意義的創造？抑或陷於一輩子的苦難？是幸福快樂還是無法脫離的苦痛，這些感受一旦進入我們的意識，便再真實不過了。一個文明的社會，若尊重人類存在的價值，應看重意識與意識研究。因為對於每一個人而言，意識幾乎就是全部。

我期待本書的出現，讓臺灣社會成為一個重視意識的社會。

第一章

『探索心靈與意識』

諾貝爾物理學獎得主溫伯格（Steven Weinberg）非常樂觀地說：「目前我們尚未有最後的理論，而且不太可能在短時間內發現最後的理論。但是我們一次又一次捕捉到一些暗示，告訴我們其到來之日不遠。物理學家在討論問題時，若發現漂亮的數學觀念與真實世界相干時，總覺得黑板之後有深刻的真理，預示存在一個最後的理論，使我們的數學觀念與世界如此相干。」溫伯格是一個科學的樂觀主義者，相信有一天可以發現最後的理論，解釋世界的一切事物。在特定的意義下，溫伯格認為物理科學能夠描繪完整的世界，人類的理性與悟性可以完全理解世界。

像溫伯格這樣的素樸樂觀論者不在少數，但也不乏悲觀論者，天文生物學家夏爾夫（Caleb A. Scharf）在《科學美國人》雜誌（*Scientific American*）提出幾個我們尚不瞭解、甚至可能永遠不能瞭解的問題，其中一個是為什麼這宇宙存在？為什麼這世界是有（being）而不是一無所有（nothingness）？霍根（John Horgan）在其《科學之終結》一書中認為，科學的主要領域如粒子物理學、宇宙學與演化生物學等，已發展至其顛峰。物理學家已無法超越量子力學與相對論，無法提出比大爆炸理論更深刻的理論；生物學家已無法超越達爾文（Charles Darwin）的演化論與基因遺傳學。一九九九年時，霍根甚至悲觀地預測人類永遠沒有希望完全瞭解意識與心靈。

每個人都有意識經驗，它是我們生活中非常真實的經驗。然而，科學家到近二十年來才開始嚴肅地探討意識問題。在八〇年代以前，尤其是在行為主義的全盛期，意識研究甚至於是科學上的禁忌。知名腦科學家科赫（Christof Koch）在其《意識：一個浪漫化約論者的懺悔》書中說：「到八〇年代末，撰寫關於意識的論文代表你的研究已經衰落，嚴謹的自然科學家不可以談論意識，只有退休的諾貝爾獎得主、哲學家與神祕論者可以。」科赫開始與克里克（Francis Crick）合作研究意識時，還沒有取得終身職。有資深科學家找科赫去吃午餐，告訴他在拿到終身職之前不要研究意識。克里克已是諾貝爾獎得主，倒是科赫自己的工作尚無保障，最好做學界主流接受的研究，至於意識就等退休後、或是生命告終前擔心靈魂往哪裡去時，再研究吧！

一九六二年，克里克與沃森（James Watson）因共同發現 DNA 的分子結構而獲得諾貝爾生醫學獎，克里克於一九七六年六十歲時轉而研究意識。從一九九〇年起到二〇〇四年他過世為止，和科赫合作發表了許多重要論文，奠定了意識研究的里程碑。一九七二年諾貝爾生醫學獎得主艾德蒙（Gerald Edelman），從九〇年代開始，發表了許多意識研究的論文和書籍。這些重量級學者帶頭衝破保守的學院禁忌，帶動許多年輕學者投入意識研究，近三十年後的今天，意識研究已成為主流學界的重要研究領域，年輕學者已經可以研究意識並取得終身職。

意識研究最重要的學會「意識科學研究學會（Association for the Scientific Study of Consciousness, ASSC）」於一九九七年成立，年會輪流在歐、美兩洲舉行。我從第四屆開始爭取於臺北舉辦年會的機會，原先學會執行委員會不願意到臺北召開年會，擔心學者因為距離太遠而不肯出席；但多數執行委員與我熟識，查默斯（David Chalmers）又是我在印地安那大學的同學，委員會終於同意，並決議若臺北年會成功，以後便改為歐、美、亞三區輪流舉行。最後二〇〇八年在臺北主辦第十二屆年會，並有三百多篇論文發表，同時，臺北年會被譽為最好的一次年會，二〇一六年阿根廷布宜諾斯艾利斯年會上，還再度被公開讚揚。這也促成了二〇一一年日本京都年會和二〇一七年北京年會。

在臺北的年會上，有天晚上我和科赫及加州理工學院的下條信輔（Shinsuke Shimojo）聊天。當時的科赫和下條信輔仍然是死硬的化約論者，相信意識只是腦神經系統的作用，但他們兩位竟然都表示腦科學恐怕無法解釋意識現象，認為我們可能需要更狂野的假說才有可能瞭解人的心靈。

我非常驚訝這兩位化約論者會有這樣的言論。下條信輔說：「其實我們只有白天是化約論者，晚上不受限啦！」回想起來，那段談話已埋下四年後科赫公開發表懺悔錄的伏筆。科赫在其懺悔書上這樣說：「在過去數年，當我的生命開始無可迴避的衰落，我迷路了。我無法控制的熱情把我帶向深層的危機，迫使我去衝撞長久以來的信念及內心的魔鬼。」

經過三十餘年的發展，人類對意識之瞭解大幅進步，然而對於某些核心問題，至今似乎束手無策。許多解決問題的策略被提出來，但是這些策略本身似乎製造出更多問題。到底有沒有希望解決意識問題？如果答案是否定的，自然科學出了什麼問題？什麼因素使意識成為如此難解的現象？它是生命經驗中最核心卻也最撲朔迷離的部分。沒有意識，人類的一切經驗都不可能。

人腦是宇宙已知事物中最複雜的東西，如果意識由腦產生，欲瞭解意識則必須瞭解腦。然而瞭解腦是否需要瞭解整個物理世界？也許和宇宙起源及其生成變化的奧祕相比，腦的奧祕之深奧也不相上下。如果真是這樣，那麼大概不必期望意識問題可以很快獲得解決。

到底意識現象的奧祕何在？針對困難的物理現象所提出的解釋，科學社群都可以得到共識，為什麼唯獨解釋意識現象時，至今仍眾說紛紜、各說各話？本書希望至少能勾畫出一個解決之道的輪廓，或者指出突破意識問題的困難所在。

最主要的問題可能出在對世界的基本假設。我們習慣以心物二元的架構來思考問題，用物理科學的角度看世界，因為因果作用都發生在物質之間；這種世界觀的確有用，飛機、汽車、電腦等都是這樣製造出來。

這也給人一種錯覺：以為世界就是這個樣子。但是這樣看世界讓我們感到困惑，心靈、意識、意義、道德、目的、價值等，在物理世界的秩序中到底存不存在？這些去除了也就無所謂人性價值的東西如何在世界裡獲得一個位置？意識經驗離我們最近，卻最令人困惑。或許如一些人所主張，我們可以瞭解整個宇宙，但就是不能瞭解自己。如同可以用望遠鏡觀察外太空，但是看不到望遠鏡自身。如果不是這樣，也許是我們對世界最基本的存在是什麼有所誤解，必須從最基層開始重新思考這世界的構成。

意識問題是什麼問題？

假設宇宙起源於大爆炸的說法為真，這個世界應該在大約一百四十億年前開始。世界由一個無限小的奇點（singularity）開始膨脹，由一些密度、溫度皆極高的粒子

「漿」逐漸冷卻，物質冷卻後產生各種不同的組織與結構，形成星系與星雲，發展成今天的宇宙。

地球大約有四十五億歲，而最早的生命化石——細菌——就將近三十一億歲。到目前為止，在觀察可及範圍內，宇宙中除了地球之外，尚未發現任何生命存在。沒有任何道理顯示宇宙非演化出生命不可，而且宇宙至今一片死寂，因此沒有生命存在的機率，應該遠大於有生命；照此邏輯，地球上演化出如此多采多姿的生態世界是很不可能的事。難怪有物理學家認為，這宇宙根本是為了人類而演化出來。

宇宙起始是一個純粹的物理世界，後來在某一刻裡，生命誕生了。如果只考慮地球，生命的出現在宇宙史上是相當晚近的事。生命由非常簡單的單細胞生物，逐漸演變出複雜的生物組織。在某一時刻，「睡眠」中的生命體「醒」過來了，產生了意識與心靈，並且產生了具有自我意識的人類。

生命出現在這個宇宙是不可思議的；同樣的道理，生命體由無意識產生意識也很不可思議。自然演化出喪屍（zombie）而不是有意識的動物是可能的事。喪屍具有全部的行為能力，可是沒有意識。這不只是電影情節，邏輯上人工智慧是可以創造出沒有意識、但行為上和人類一模一樣的機器人。

宇宙為什麼演化出生命？為什麼進一步賦予生命意識？由純粹之物質演變成具有心靈的生命，如何可能？這個過程又如何發生的？它的運作原理是什麼？什麼「東西」使生命「醒」過來，而具備了意識？生命微不足道，不需要意識仍可活得很好，有什麼道理從無生命的物質會演化出意識？

意識如何可能由物理世界產生不是最令人困惑的問題，雖然它已經難倒所有的科學家與哲學家。另外還有一個更困難的問題，我們可以舉奈格（Thomas Nagel）的一段話來說明：「我竟然是世界的一部分，這是令人難以理解的事實。沒有中心（沒有心靈）的宇宙，在其浩瀚的時空中，不可思議地產生了人，也產生了我，藉著產生奈格這個人而產生了我。亙古以來，並沒有一個東西是我，但在一個特定的時間與地點，某一個物理組織形成了，突然間我就存在了，而且存在直到這個物理組織死亡為止。在宇宙的客觀流動裡，這個存在物，對我而言是主觀的事件，似乎未曾產生一絲漣漪。做為一個種屬——人類——的一個個體，如何可能產生這樣令人驚異的後果呢？」

前面提的第一個問題是：在物理世界中如何可能產生意識？第二個問題則是：一個具有意識的我如何可能出現呢？為什麼我（的意識）是出現在此時而不在彼時？為

什麼我活在二十一世紀而不是古希臘？為什麼我在臺北士林而不是巴黎左岸？我為什麼被「鎖定」在這個特定的時空／現在呢？我為什麼被「鎖定」在特定的身體？為什麼我是我，不是你、不在你的身體裡？我若出現在不同的時空，在物理意義上有何差別？

第一個問題是關於現象經驗（phenomenal experience）的內容（content）或感質（qualia），例如視覺或痛覺如何可能由物理世界產生的問題。第二個問題則是關於現象經驗的主體（subject）的問題。現象經驗一定有一個經驗的主體，就是正在產生感覺知覺的我，在物理世界中這如何可能？物理事物無所謂主體性（subjectivity），現象經驗卻必有主體性。主體性如何可能由物理事物產生？第二個問題不僅難以回答，連問題的陳述都有困難。如果宇宙間有神祕的事物，第二個問題則無疑是最神祕的問題。

一九九四年，查默斯時任亞利桑那大學意識研究中心主任，和麻醉學家漢莫洛夫（Stuart Hameroff）合作召開第一屆「邁向意識科學會議」。在這個重要會議中，查默斯發表了重要論文，提出意識的「難解與易解問題」（the hard and the easy problem），影響深遠。儘管類似的主張有些哲學家早已提出，不過大概因為查默斯的說法相對簡單易懂，又發表在科學為主的會議，這意外架構了三十年來意識研究的主要議題，並衍生了科學和哲學社群內部的大論戰，至今方興未殆。是年七月出刊的《科學美國人》還專文報導這篇論文，作者以「藍色男孩」（Blue Boy）形容查默斯，因為他酷似十八世紀的英國畫家庚斯博羅（Thomas Gainsborough）的名畫〈藍色男孩〉中的人物。查默斯當時才二十七歲。

查默斯是天才型哲學家。在澳洲獲數學競賽冠軍，晚我幾年到印第安那大學，同樣從學於邏輯與哲學家唐恩（Michael Dunn），師出同門。我們兩人在印第安那大學組織了一個討論會，叫「長喇叭槍討論群」（Blunderbuss Group），有二十幾個來自哲學系、心理系、電腦系等的博士候選人參加。「blunderbuss」又有「蠢材」或「容易犯錯的人」的意思，正好形容我們這一批在寫博士論文的學生。我的博士論文研究神經網路模型的哲學問題，查默斯對神經網路也深感興趣，而且就是有能力邀到當時在這一行最頂尖的一些人到印大來，召開了「聯結論者的饗宴」（Connectionists Fest）學術討論會。後來他的博士論文做意識研究，拿到印大認知科學最佳論文獎；我則拿到印大認知科學傑出研究獎，並已回到臺灣工作。除了創立前述會議，查默斯也是「意識科學研究學會」的共同創辦人之一，可說是意識研究領域最主要的哲學家。

前文提到意識的二個問題，查默斯並未區分為現象經驗內容和主體性二個問題，而是通稱為「難解問題」。事實上他比較集中在討論現象經驗內容。因為感覺知覺經驗必然預設經驗者的存在。這個世界怎麼會有經驗主體？怎麼會有「觀點」（point of view）？腦如何產生觀點？或者腦與觀點無關？如果這樣，那麼腦就不會是產生意識的地方。哲學家奈格是將這個問題分析得最透徹的人。我認為瞭解主體性是瞭解意識的要件。這個問題沒那麼容易解決，可能費上五十年或一百年，可能甚至永遠無解。

第二章

『心靈從哪裡來？』

「心靈從哪裡來」其實是古老的哲學心物問題，但在當代認知神經科學的影響下，它變成一個非常吸引人的問題，甚至讓人廢寢忘食。這個問題其實一般人也會想，但答案都是比較神祕主義式的。一般通俗的想法覺得人有靈魂，死後似乎還存在。如果主張有靈魂，如果覺得人死後還是以一種非物質的方式存在，事實上已經假設哲學上的二元論說法；但如果是一個二元論者，會相信世界不只是夸克的組合，還包括一些非物質的東西，日常生活裡有些人把它稱作「靈魂」或是「鬼」。

一般人對鬼的觀念是混亂的，譬如「鬼會對你有作用」這個假設是很麻煩的說法，因為如果鬼是物質的，就應該占有時空，必須有一個承載物，鬼必須附身在什麼身上；但如果鬼是非物質的，就不是任何能量的形式，不占有時空。物質是能量的一種形式，它如果不是能量的一種形式，如何和你有因果關係呢？所以鬼會對你有作用，預設很多到現在為止科學家都不願意說的可能性：非物質和物質會有交互作用。這是笛卡兒（René Descartes）二元論最大的困難。

心身如何交互作用？

就哲學及科學上來講，笛卡兒的二元論面對一個相當困難的問題：非物質的存在和物質的存在之間，它們的關係是什麼？笛卡兒不是沒有解決的辦法，他認為松果腺是靈魂和身體互動之處，因為某種原因，靈魂會跑到松果腺和身體互動。事實上，笛卡兒無法提供一個因果解釋，告訴你靈魂如何進入松果腺，如何影響松果腺的作用，進而影響身體，也無法告訴你身體如何影響靈魂。譬如感受到極大痛苦時，是身體被刺激所以感到痛苦，痛苦是一種心理現象，如果心理現象是非物質的，這些非物質的心理現象和物理的身體之間如何作用？

如果主張二元論，必須說明因果互動如何發生、靈魂和身體如何互動。靈魂不是物理的，身體死亡後若靈魂仍存在，是以什麼形式存在？二元論欠大家一個這樣的說法。笛卡兒說靈魂就是自己，可是靈魂會再轉換身體，譬如身體死亡，靈魂仍然存在，可能會轉世投胎，如同佛教講的輪迴。靈魂以不同形式存在，在轉世投胎的情況下，靈魂不僅以不同的形式存在，還會附著在不同的物理事物上。

但這面臨一個困難的問題：在這些轉換裡面，我是誰？將輪迴的概念帶入這個問題，假如我上輩子是豬，因為做了好事，這輩子變成人，但這輩子又講了太多不是真理的話，欺騙學生，所以下輩子變成烏龜。在這轉變的過程中，我怎麼知道有一個一致的我經歷這些轉變？我如何在不同的時空和物體上建立自我的等同（personal identity）？我怎麼知道上輩子哪一隻豬是我、未來哪一隻烏龜會是我？我對我的前生毫無記憶，將來變成烏龜的我，也必定對我這輩子的生活經驗毫無記憶，記憶似乎就限定在此世。如果記不得前生與來世經歷的事，轉世輪迴便失去了意義。

很多問題牽涉到轉換身體的人格等同問題，在這些不同的變化中如何辨認自己？事實上很難，所以心物二元論面臨很多嚴重的問題，這些問題到目前仍沒有令人滿意的解答，科學界大部分科學家也都不相信這個說法。當然也有一些例外，例如諾貝爾生醫獎得主艾克爾斯（John Eccles）就主張心物二元論，他和一位哲學家波普爾（Karl Popper）合寫許多本書，認為有另外一個心靈的、非物理的世界。做為哲學家，不應該直接論斷二元論為錯，我告訴我的學生：「即使我今天說服了你，走出教室後，你可以不相信我。」但今天若轉換成物理學的教室，當我告訴你 $E=mc^2$，走出教室後最好還是相信。這是哲學和科學的差別，因為哲學問題相當難，而且其實一直都沒有解決過。

心或意識到底是什麼？

笛卡兒認為心不是物質的，並提出一個知名的論證「天才惡魔論證」。以前要說明這個概念很困難，但現在有所謂「虛擬實境」，可以使人設想這一切都是虛擬的。電影《駭客任務》（*Matrix*）和《異次元駭客》（*The Thirteenth Floor*）曾經非常風行，這些電影要說的是，某種虛擬實境是可能的。什麼是「天才惡魔論證」？我們認為我們存在的這個世界是真實的，但假設有一個天才惡魔創造了一切，欺騙、誤導我們，使我們如此相信著。「天才惡魔論證」引導我們懷疑某些可能性，包括知識及客觀世界存在的可能性；但也可以把「天才惡魔論證」理解成雖然惡魔讓我們誤信世界是真實的，但是不管惡魔再厲害，思考「世界是否真實」的我們必須存在，否則惡魔就沒有欺騙的對象。因此意識或心不是廣延的，它不占有空間、是非物理的。

《異次元駭客》的劇情是以為自己虛擬了另一個世界，最後卻發現自己也是被虛擬的，或者說，自己也無法判斷這個世界是不是虛擬的。洛杉磯的迪士尼樂園有一種虛擬實境的太空飛梭，那臺機器其實是不動的，前面有一個巨大而有弧度的螢幕，坐在裡面，會覺得自己開著一部非常快速的太空船，驚險地在太空和紐約市裡飛來飛去。儘管都是虛擬的，卻到了非常擬真的地步，身在當中會相信自己正在那樣的處境。哲學家普特南（Hilary Putnam）設想桶中之腦（brain in a vat），而電影《駭客任務》就是演桶中之腦。所有人都養在桶子裡，桶子裡有營養液，每個人的頭都有一條管線連接電腦。成千上萬的桶子在非常巨大的空間中，透過虛擬實境，每個人都感覺自己活生生地處在一個生動世界裡。在這種情況下，怎麼相信自己不是存在於虛擬世界呢？

事實上這種可能性很大。羅素（Bertrand Russell）曾經說過：「這世界有可能三分鐘前才發生。」眼前的一切可能在三分鐘前才開始發生。也許存在的客觀世界都是假的，被惡魔欺騙了，但是笛卡兒認為有一點必須是真實的，那就是被惡魔欺騙的思維主體。做為一個被欺騙者，身體可能是假的，但思路正在運轉的那個我必須是真實的，我在思考「我被惡魔欺騙」這件事必須是真的，所以只要我思考「我被惡魔欺騙了」，我就一定存在，這就是「我思故我在」。笛卡兒的「我思故我在」是這樣來的，其實人的意識（心靈）才是思維的主體，而不是身體。既然人的意識是思維的主體，而不是身體，心和身就是不同的東西，所以笛卡兒主張心物二元論。

心即是腦

另外一個比較流行的觀點是「同一論」，這是在科學界一個比較素樸的哲學假設。在我任教的陽明大學，裡頭的教授可能都不自覺地預設所謂「同一論」的立場：心即是腦，心的性質就是腦的性質。心從哪裡來？是腦的運作；心理狀態是什麼狀態？是腦狀態，此外無他。研究心理作用、心理性質，唯一之道就是研究腦。這些科學家憑什麼可以這樣問問題？憑什麼說只要研究腦科學，就可以揭露人的心理祕密？

這個素樸的假設不是沒有它的困境，大概在一九六〇年代左右，同一論遇到嚴重的挑戰。電腦科學的發展使得人工智慧這門學問慢慢成為可能。人工智慧是研究什麼？譬如人會下棋，下棋是一種心智能力，瞭解人如何下棋，並瞭解這是一種什麼樣的心智能力，運作原理又是什麼？

人工智慧學者認為，如果能造出一個會下棋的機器，也就是寫出一個程式讓電腦下棋，且下棋方式和人一模一樣，就能解釋下棋的心理歷程。這不是要製造棋王，事實上一個好的心理模型倒不一定要打敗人，而是人有多愚蠢，它就應該多愚蠢；人會犯哪些錯誤，它就該比照辦理。

能否寫出一個程式，以和人完全相同的方式下棋？或者是否能寫一個程式，模擬人類小孩學習英文動詞的字尾變化？譬如英文動詞「go」的過去式應變成「went」，小孩是怎麼學習動詞字尾變化？這很多人在做，但不能讓電腦做得比小孩更好，因為這可能不是一個好的心理學理論。小孩會過度推廣，把「go」加上過去式常用字尾「-ed」組成「goed」，再過一段時間，他才知道原來不是「I goed to school yesterday.」，而是「I went to school yesterday.」這是小孩學習動詞變化的一個現象，一個好的電腦程式應該對此進行模擬。

一些科學家用神經網路模擬，他們認為他們的理論比較好，因為小孩怎麼犯錯，電腦就跟著複製。人工智慧希望模擬人的心理行為，如果這個模擬相當成功，這個程式就是心理運作過程，所以他們寫的程式就是心理理論。這個學派有一個假設：電腦可以模擬人的心理，面對一個設計良好的機器人，必須嚴肅思考它是不是一個「人」，因為也許它有一切人類的心理性質。

心理狀態不是腦狀態：功能論

什麼是心理狀態？功能論的說法是：心理狀態不是腦狀態，也不是非物理的狀態，而是一種功能性的狀態。心腦同一論認為心理狀態等於腦狀態；而笛卡兒的二元論則認為心理狀態不是物理狀態，是另外非物理的。何謂功能性狀態？譬如「市長」是一個功能性的概念，它非指特定人選，任何人只要贏得選舉，坐在市長的位置，且法律承認其資格，其他人對他批評時，他就會予以回應。若有人說：「市長先生，公車服務太差了。」身為市長者便會嘗試改善。有輸入（input）就有適當的輸出（output），這種輸入輸出及其內在狀態之間構成的因果關係，就是功能狀態。

如此一來，一個系統不一定要和人一樣有血有肉，機器人可能也有心理系統，火星人可能也有。一個心理系統或認知系統不一定由碳水化合物構成，也可能是金屬。

就像很多科學家所說，如果在木星上有生命，由於木星的重力太重，木星上的生命大概不能活在地表上，如人類這般的結構承受不了這麼重的壓力，所以木星上的生命可能都生活在大氣層裡，不需要腳，就像氣球一樣在大氣層飄來飄去。如果木星上的生物有智慧，其組成方式一定與人類不一樣，當然也不見得要一樣，只要在功能上發電磁波給對方時，收到電磁波後能轉換成其內在資訊，便可以理解人在想什麼、說什麼，所以對方也是一個認知系統、心理系統。

「只有如人類這樣才有心理狀態、是心理性的動物並有認知能力」的想法，被通稱為人類沙文主義。這是功能論在電腦科學發達以後所產生的一些新看法，所以同一論在這樣的挑戰下，也慢慢成為過去。但是在腦科學界、神經科學界，基本上還保留這種假設，而且反而在進入二十一世紀以後，有功能論退燒、同一論復興的跡象。同一論以非常精緻的方式回來，所以現在學術界較接受的其實是同一論。至於功能論有什麼問題？後面會為大家說明在意識這個問題上，功能論有什麼問題。

易解問題 vs. 難解問題

意識是什麼？研究意識到底在挖掘什麼？意識問題基本上分兩類，一種是對於內部或外來資訊的處理能力與機制。這種意識狀態比較容易處理，面對這類問題，一般認為在自然科學中（不論是神經科學或電腦科學等）有較為成熟的理論。

基因的發現人克里克在一九九五年寫了《令人驚異的假設：靈魂的科學探索》，

書中基本的假設是：意識的運作機制要發生在一定的共振頻率裡，這個頻率是四十至七十赫茲，腦中的共振頻率必須在這個範圍才會進入你的意識，頻率較高或較低的，屬於無意識狀態。克里克的這個理論對意識研究確實有貢獻，但基本上只解釋了意識做為訊息處理系統的機制。

另一個比較困難的問題是感覺知覺經驗內容的問題。舉例來說，被針刺到會感到痛、看到玫瑰花或夕陽覺得美、喝香濃的咖啡覺得很享受。這些感覺通常伴隨著意識，或者說有意識才有感覺；換句話說，不太可能覺得痛卻沒有意識到痛。沒有正常的人會說：「我好痛，可是我感覺不到我在痛。」感覺知覺會伴隨意識，所以經驗無法和意識切割。

在宗教上是有純粹意識的說法，把感覺知覺和外界隔絕。聽說西藏密宗懂得怎麼做，多數修行者也會做，意識研究不會忽略這些人，不過僅止於將他們視為研究對象，而不當成理論，因為理論還不夠成熟。神祕經驗者認為人可以關掉和世界的關係，進入沒有經驗的純粹意識世界，在那個世界可以看到自己；但我個人對此還是有點保留，基本上我認為意識和經驗永遠伴隨。二〇一〇年我應邀擔任主講人，於「二〇一〇明就仁波切成大學術之旅系列工作坊」在成功大學與明就仁波切對談，主題之一是靜坐冥想。我喜歡他的說法：透過靜坐切斷一切與外界的關聯、隔絕感覺知覺及外界是辦不到的，只能做到讓雜念來來去去而內心不受干擾和影響。

現在的問題是，如何解釋意識經驗？這個問題相當困難。奈格曾寫過一篇文章，回答「做為一隻蝙蝠的感覺像什麼？（做為一隻蝙蝠的意識經驗像什麼？）」文章的答案是：「不知道」。科學家可以用電腦模擬蝙蝠，知道牠不是用眼睛，而是透過發出音波來「看」世界。可是用聲音看世界的感覺是什麼？當牠用音波「看」到一隻好吃的小蟲，那種「視覺」感覺是什麼？我們可以瞭解蝙蝠的物理機制，但是我們不知道牠的意識經驗，所以奈格認為要回答這個問題，必須變成一隻蝙蝠。儘管可以瞭解因果機制，但不同的物種之間無法相互體驗感覺經驗。

這個問題不只出現在物種之間，事實上也出現在不同人類個體之間。做為「你」的感覺像什麼？不知道！只有你才知道，「如人飲水，冷暖自知」。我很享受咖啡的滋味，但很多人覺得咖啡苦而難喝。每個人的感覺經驗不但不同，而且我不可能擁有你的感覺經驗。科學家只能說明感覺知覺經驗的運作原理是什麼，但是無法說明這種感覺經驗像什麼。

哲學家傑克森（Frank Jackson）做了一個思考實驗。假設有一個超級神經科學家叫瑪利，瑪利被關在一個房間裡，一輩子沒看過外面的世界；在這個房間中只有黑、白兩色，瑪利擁有完整的神經科學及色彩認知的知識，但是沒有色彩認知的經驗。知道光譜、紫外線、紅外線，也知道波長影響視覺的感覺、紅色的定義、藍色的定義等，但是從來沒有看過彩色的世界。有一天瑪利走出房間，看到五彩繽紛的世界，便感到驚訝。

傑克森問：「當瑪利看到彩色世界時，相關知識是否增加？」如果知識沒有增加，為什麼看到五彩繽紛會感到驚訝？傑克森認為房間裡的研究是完美物理科學告訴瑪利的知識，但是色彩認知／意識經驗的經驗會增加知識。這個思考實驗意味著：完美的物理科學所提供的總是差那麼一點，有意識經驗和沒有意識經驗會有差別。換句話說，物理科學能夠提供的並不完備，它會遺漏意識經驗本身所帶來的知識。意識經驗所形成的主觀知識是客觀科學永遠碰觸不到的，物理科學總有侷限性。

前文提到的功能論是客觀科學的一種研究進路，這個進路有一些難題。我舉兩個例子，一個是盲視（blindsight）病人的例子。盲視病人實際上看不到，但若要他們猜，猜對的機率卻很高。儘管事實上他們可以接收到一些視覺資訊，但由於缺乏意識經驗，便察覺不到這些資訊，可是他可以猜到他到底看到什麼。盲視病人看不到某個視覺區域，所以應該算是沒有視覺，可是又可以猜對，所以被稱作盲視。

另外一種病人是「臉部辨識喪失症」。這種病人可以鉅細靡遺地說出人有幾個眼睛、鼻子多高、嘴巴像什麼、頭髮多長；可是若被問到「這是誰的臉？」卻無法辨識。讓病人看自己媽媽的臉，病人可以看出五官特徵，也知道這是女人的臉，卻不知道那是誰；讓病人看媽媽平常穿的衣服，或者讓媽媽對其說話，病人便可以辨識。我在美國亞利桑那州土桑城的學術會議見到一位病人，他可以透過髮型或衣著辨識他人，尤其辨識牛仔褲時特別敏銳，只要穿牛仔褲給他看一下，他就知道眼前的人是誰。這種「臉部辨識喪失症」很奇怪，病人擁有所有的視覺資訊，可以看到臉的細節，但缺乏臉部整體的視覺意識，不知道那是誰。這也反映了功能論的困境。

知名腦神經科學家李北特（Benjamin Libet）做了一個有趣的實驗。大家都瞭解腦是交叉控制：右腦控制左手、左腦控制右手。如果刺激左手，資訊會經過傳遞，到達右腦。我們也知道，刺激腦的某些區域會帶出某些知覺經驗，譬如看到特定事物，或是這個腦區儲存的部分記憶。傳遞資訊需要時間，所以理論上，刺激右腦使感覺產生，所需要的時間應該短於刺激左手。然而李北特經實驗後發現，儘管經過的路徑較長，刺激手以產生痛覺所需要的時間卻比較短。

當然這有很多不同的解釋。李北特本人這樣看：我們的腦有扭曲時間的特殊能力，會將客觀世界裡物理時間的過去、現在、未來的次序在腦部倒置，所以外在客觀世界的時間順序，與腦部的時間順序不一樣。如果這種說法為真，對物理科學將是嚴重的挑戰。如何可能在一個世界裡，而且在腦中距離這麼近的情況下，倒轉時間？

物理學家潘羅斯（Roger Penrose）覺得，這裡面可能牽涉一些還未知的物理運作原理，稱作「量子重力」。這個量子運作原理，的確可能透過重力場扭曲時空，這個時空的扭曲會造成心理時間和物理時間的對應關係產生變化，不再保留外在世界過去、現在、未來的時序，但心理時間仍是真實的時間。也許這當中有些物理學上的東西不容易處理，我們也還不知道那是什麼、如何造成我們的意識現象。也正因如此，在研究意識的時候，不管用什麼研究方法都會產生嚴重的困難。我們可能需要一個完全不同的新世界觀，對物理學家而言，世界觀就是對世界的根本假設，在這部分可能需要非常劇烈的改變，才可能形成適當的物理科學理論，包含腦科學理論，以解釋意識現象。

第三章

『破碎的心靈』

在日常生活對話中，我們常常會說某某人開竅了，意思是說他瞭解了、想通了，或變聰明了。《莊子・應帝王》也有段文字談到開竅，意思卻不大相同：「南海之帝為儵，北海之帝為忽，中央之帝為渾沌。儵與忽時相遇於渾沌之地，渾沌待之甚善。儵與忽謀報渾沌之德，曰：『人皆有七竅以視聽食息，此獨無有，嘗試鑿之。』日鑿一竅，七日而渾沌死。」大意是說，儵、忽二帝要報答中央之帝渾沌的好意，就幫沒有眼、耳、口、鼻的渾沌鑿了七個洞，讓渾沌可以像常人一樣看、聽、吃、聞。沒想到七竅鑿好，渾沌也死了。

渾沌沒有感官，所以看不見、聽不到、嗅不到、也沒有味覺，看起來也沒有觸覺。以當代科學的觀點來看，渾沌沒有感官經驗，也就沒有意識經驗。如果渾沌完全沒有意識經驗，他可能有意識嗎？即使是笛卡兒的思維主體，也包括了感覺知覺和情緒，並非純粹的思維主體。失去意識的人顯然不會有感覺，很難想像陷入昏迷的人或植物人會覺得痛。顛倒過來，完全沒有感覺知覺的人可不可能有意識？答案似乎是否定的。因此渾沌在被鑿七竅之前，應該是無意識的。

莊子的「渾沌開竅」似乎意指無意識的存在狀態，即渾沌狀態，才是最真實的存在；當被鑿七竅，有了意識之後，渾沌就死了。渾沌死了代表渾沌雖得到意識經驗，卻離開了本體，進入虛妄的現象世界。意識經驗產生現象世界，因此渾沌死了，現象世界卻誕生了。七竅鑿得好則可以產生人的意識經驗，鑿得不好則會發生各式各樣的神經與心理失序或病變。本章引述文獻上的重要案例，證明腦與心靈的密切關連，以略窺心靈可以「破碎」成什麼樣子。選擇這些病例是因為其特殊性可以激發哲學想像和思考，而且可以幫助我們瞭解心靈與腦的關連。

身體和心靈分離的女士

身體部位如肌肉、肌腱、關節等的位置、動作及施力的資訊，持續受到腦的監測。這些神經活動是自動化且無意識的。這種神經運作叫作本體感覺（proprioception）。本體感覺偵測自己的身體，透過本體感覺，也會覺得身體屬於自己，不會擁有別人的本體感覺，所以不會誤認他人的身體是自己的。有些科學家稱本體感覺為第六種感覺。其他五種感覺是視覺、聽覺、嗅覺、味覺和觸覺，這五種感覺用以偵測外在世界的刺激。

我們可能失去這五種感覺的一部分，甚至全部。渾沌顯然是沒有這五種感覺。

《莊子》的寓言裡未提到渾沌有沒有本體感覺，但如果連本體感覺都失去，還算有意識嗎？本體感覺似乎比控制、擁有和操作我們的身體更基本。本體感覺可能失去嗎？

本體感覺由腦幹負責。腦幹的神經或功能病變可能導致本體感覺的喪失。神經學家（neurologist）薩克斯（Oliver Sacks）曾報告過一個案例，這個案例也收錄在他的著作《錯把太太當帽子的人》。克莉絲汀娜是個二十七歲的程式設計師，身體健康，喜歡運動，個性開朗，同時也是個年輕媽媽，育有三個小孩。有一次因腹部疼痛需要進行膽囊移除手術。手術前這位年輕女士雙腳無法站穩、甚至無法感覺到雙腳貼在地面，雙手也無法拿穩任何東西。

手術當天，克莉絲汀娜已經無法站立，雙手不聽大腦指揮，自行任意揮動。她的臉部幾乎沒有表情，下顎沒有閉合，說話時臉部肌肉也不在正常位置。她以沒有音調變化的聲音說：「我完全無法感覺到自己的身體，很像身體和心靈分離。」但是克莉絲汀娜可以藉著視覺拿回部分的身體感覺。當她要站立或用手拿東西時，看著雙腳或雙手可以逐漸回復正常。克莉絲汀娜連呼吸都得借助呼吸器。手術當然延期了。

本體感覺就好比是身體的眼睛，失去本體感覺後，病人就像弄丟了身體，身體也「瞎」了。有些病人會失去平衡感，必須看著自己的身體才有辦法維持平衡。視覺可以協助拿回本體感覺，這似乎表示：由本體感覺建構的身體地圖可以透過視覺來取代。事實上聽覺也扮演類似角色，用來恢復正常的說話和音調變化。當病人的視覺和聽覺的注意力沒有放在身體上時，又會重演身體和心靈分離的現象。對克莉絲汀娜而言，她的意識清明，感覺經驗如常人般豐富。她能思考，有感覺經驗和情緒，可是當不借助視覺與聽覺時，她的身體「瞎」了，彷彿靈魂脫離了身體。笛卡兒以邏輯推理論證身體和心靈可以分離，進而主張心靈和身體分屬兩種不同的實體。克莉絲汀娜的案例似乎也提供了一個具體的經驗實例，證明身體和心靈在某個意義下可以分離，即使不是實體上分離，至少是經驗上分離。笛卡兒會如何看待克莉絲汀娜呢？克莉絲汀娜的自我並沒有受損，她只是覺得不再擁有她的身體。換句話說，克莉絲汀娜失去了身體自我（body-ego），而身體自我的喪失似乎不影響心靈自我（mind-ego）。

卡普格拉症與科塔爾症

卡普格拉症 (Capgras Syndrome) 的病人可以辨認熟悉的親人、朋友或其他人的臉，卻無法產生相關連的情感或情緒。例如患者可以辨識自己母親的臉，卻無法產生對母親的感覺或感情。當他見到母親時會說：「妳長得像我媽媽，可是妳是冒充者（imposter），妳不是我真的媽媽。」臉部辨識是由大腦顳葉中的一個腦皮質區負責，稱之為梭狀迴臉孔區（fusiform face area），簡稱ＦＦＡ。杏仁核（amygdala）是周邊系統（the limbic system）的一部分，與情緒反應有關。患者的ＦＦＡ是正常的，所以可以辨識他人和自己的臉孔。當見到母親時，可以知道那是母親的臉，可是由於ＦＦＡ和杏仁核之間的神經連結出了問題，因此雖然可以辨識，卻無法產生相應的情感。

患者可以辨識母親的臉，卻不認為那是母親，反而會認為她只是一個冒充者。正因患者知道那張臉是母親的臉，否則不會說那是冒充者。患者有一個錯覺，即他們熟悉的人的臉被一模一樣長相的冒充者所取代。神經科學家拉馬前德蘭（Vilayanur S. Ramachandran）認為卡普格拉症導因於位於下顳葉的ＦＦＡ與周邊系統的神經連結出了問題。

梭狀迴臉孔區受損會導致臉孔辨識失認症（prosopagnosia）。這種症狀和上面所談的卡普格拉症不同，患者完全無法辨認人臉。不能辨認人臉會造成嚴重的社交障礙，臉部失認症患者必須依賴其他特徵，包括髮型、衣著和說話的聲音等，但這些特徵可能改變，因此這樣的方式不甚方便也不可靠。

梭狀迴臉孔區要到青春期才發展完成，因此幼齡孩童辨認人臉的能力比較差。不過有研究顯示，初生嬰兒的梭狀迴臉孔區是跨物種通用的，初生嬰兒辨認其他物種臉孔的能力比成人強。例如成人通常覺得每匹馬的臉看起來都差不多，無法區辨不同馬的長相，但是嬰兒可以輕易辨認。人類大腦隨著成長而發展為專精在人臉辨識，對其他動物臉孔的辨認能力隨之下降。

科塔爾症（Cotard Syndrome）又稱為行屍走肉症，是稀少的心智疾病。患者會有錯覺，認為自己已經死了、不存在了，也有些認為身體的一部分不在了，或認為自己遭受永恆的詛咒，無法自然死亡。患者經常不吃不喝，因為既然已經死亡，就沒有必要吃東西。

英國網站 MailOnline 的健康與科學編輯霍吉斯（Anna Hodgekiss）於二〇一五年報導了一個科塔爾症的案例。一位住在美國阿拉巴馬州的十七歲女子史密斯小姐，得了這種極罕見的疾病。她相信自己真的死了，身體不再存在。得病三年後，史密斯小姐出乎意料地被治癒了，醫生很奇特地用迪士尼電影治好了她。史密斯小姐是在父母離異時突然發病，發病後她喜歡去墓園，以便靠近其他死人。她想像自己在墓園野餐，花很多時間看喪屍恐怖片，以求能接近同類，這讓她覺得放鬆。許多科塔爾症患者覺得既然已經死亡，就不再吃東西，因此餓死。史密斯小姐卻覺得既然死了，多吃也不會胖，因此毫無節制地愛吃什麼就吃什麼。

史密斯小姐在網路上找到一些與她相似的病患，大家都有相同的嗜好，即去墓園以便靠近同類，有了病友後，史密斯小姐感覺好多了。後來史密斯小姐求助於父親，並去看精神科。醫生讓她看迪士尼影片《小美人魚》、《睡美人》、《阿拉丁》等，結果她感到困惑：如果已經死了，為什麼迪士尼電影讓她感覺良好？在男朋友的協助下，史密斯小姐痊癒了。

卡普格拉症病人可以認得親人的臉孔，卻認為那只是親人的冒充者。卡普格拉症的病因可能是梭狀迴臉孔區與杏仁核之間的神經連結出了問題，因此無法對親人臉孔產生相應的情感反應。科塔爾症的病因有可能也是這兩個臉區功能失常。科塔爾症於一八八〇年首先由法國神經病學家科塔爾（Jules Cotard）所發現，目前並無治療方法，史密斯小姐的痊癒是非常稀有的案例。

自我的解體：腦傷與中風的影響

神經病學家范伯格（Todd E. Feinberg）著作的《改變了的自我》一書中提供了許

多有趣的案例，這節的材料多引自該書。很多病人在中風之後，失去對身體部位的控制和感覺，因為這些病人的中風導致身體感覺區或運動區組織壞死。

身體失識症（asomatognoisa）病人無法辨識自己的身體，因為失去了身體的感覺和控制，甚至否認身體某些部位是他自己的。例如當醫生告訴病人說這是你的手，病人除了否認，甚至會說這隻手是醫生或任何其他人的。患者可能會要求醫生移走「他人」的手；有些人甚至人格化肢體，例如視自己的手為死去丈夫的手，抱怨先生晚上用手壓住她的胸口，害她喘不過氣來。

范伯格還報告了一個痛覺失認症（pain asymbolia）的病例。約翰的精神狀態、語言功能、認知功能和皮膚痛覺都正常，但手嚴重灼傷；約翰知道自己受傷，也覺得痛，卻毫不在意，對自己的灼傷痛覺顯然沒有正常的情緒反應，核磁共振照影（MRI）顯示右額葉和顳葉有大範圍的神經損傷。原來，病人的額葉與情緒腦區（周邊系統）的連結受損，因此雖然痛，卻覺得無所謂。當情緒腦區與感覺知覺腦區的連結出了問題，病人可以擁有與正常人一樣豐富的感覺經驗，卻不認為那些感覺經驗屬於自己，甚至將這些感覺經驗歸給別人。

單側忽略症（hemispatial neglect）也是常見的病例，容易發生在身體失識症的病人。病人通常失去左半邊的視野和忽略左半邊的身體部位。例如要病人做下圖所示簡單的事時，只會做右半邊。

病人大多是左視野（右腦）受損。左半腦只能控制右半邊的注意力，右半腦卻能控制左、右兩邊的注意力。當左腦受傷時，右腦可以補償左腦的注意力功能；但是當右腦受傷時，左邊的注意力無法被左腦補償，所以病人就無法注意到左邊。

單側忽略症

給病人看的樣本　　病人畫的結果

裂腦症（Split-Brain Syndrome）

雖然大腦組織複雜，神經細胞數量龐大，不同的腦區負責不一樣的心智功能。但是我們都覺得只有一個我存在。這些複雜的腦功能全被統整起來，產生一個自我。大腦如何辦到的？為什麼需要統整起來形成一個自我？兩個自我不好嗎？或是許許多多的小我組成一個大腦社會？不論是否存在許許多多的小我，經驗上我們都覺得有一個單一的我存在，並貫串我們一生的歷史。

大腦是由左右對稱的兩個半球組成，中間由胼胝體（corpus callosum）連結，胼胝體約有十億條神經纖維。左右腦交叉感覺和控制身體的兩側，左腦控制身體的右側，右腦控制左側。如果切除胼胝體，斷了兩個腦半球的聯繫，後果會是如何？會不會產生兩個自我或兩個心靈？兩個腦半球各控制身體的兩側，它們如何協同運作，以產生一個統一的自我？科學家認為左半腦主要負責說話、語文、數學和文法等；右半腦則負責音樂、圖像表徵、空間感和時間感等。當胼胝體被切斷時，兩個腦半球如何溝通以維持一個自我？

感謝諾貝爾獎得主史培里（Roger Sperry）和著名認知神經科學家加札尼加（M. S.

Gazzaniga）超過五十年的裂腦研究，讓我們開始可以回答以上問題。

史培里先在動物上實驗，觀察切除胼胝體後產生的後果。後來史培里把這個手術用在治療嚴重的癲癇。

一九六二年，史培里和他的學生加札尼加在做過裂腦手術的病人 W.J. 身上進行一項實驗。W.J. 會在左視野或右視野看到一些圖片，看到圖片時，必須按下按鈕，並報告看到的圖片內容。左右手各有一個按鈕。實驗觀察到，當 W.J. 的右視野被示予一張圖片時，會以右手按下按鈕，同時報告圖片內容；然而當左視野被示予圖片時，W.J. 左手按下按鈕，卻說不出內容。

這表示左腦收到右視野的訊息，因為說話功能在左腦，所以 W.J. 可以報告內容。可是當右腦收到左視野訊息時，因為右腦的訊息無法從胼胝體傳送到左腦，所以 W.J. 說不出看到什麼。但是右腦仍然會通知左手看到圖片了，因此左手會按下按鈕。這證明因為胼胝體已經被移除，左右腦因此互相不知道對方在做什麼。

有趣的問題是：W.J. 的右腦是否知道它看到什麼？換言之，W.J. 的右腦也許看到了東西，只是說不出來而已。一九七六年加札尼加在一個十三、四歲的青少年病人 P.S. 身上實驗。P.S. 的右腦被示以英文字「girlfriend」，如所預期，

P.S. 說不出他看到什麼字，卻見 P.S. 靦腆地笑了，並且用左手拼出「LIZ」來。Liz 是 P.S. 班上的漂亮女孩，這證明 P.S. 的右腦有理解語言的能力，只是無法以語言表達。

這個發現意義非凡。右腦有自己對世界的經驗，除了用左手表達，右腦無法言說。如果左右半腦各自有其獨立的經驗，那麼裂腦病人到底有一個或兩個意識？一個或兩個自我？裂腦病人從未有人報告他們的感覺經驗和健康的人有何不同。雖然兩個腦半球之連結被切除，裂腦病人似乎仍擁有統整的自我感覺，不覺得有兩個自我，可是兩個半球在許多感覺經驗上卻各自為政。

在一個實驗中，加札尼加出示「face」給左腦，「smile」給右腦，然後要病人畫出他看到什麼。結果病人用右手畫了一個微笑的臉。加札尼加問病人為什麼畫微笑的臉，病人回答：「難道你要一個哀傷的臉？」這顯示左右腦各自為政，卻又能整合彼此。有些學者如弗朗茲（Liz Franz）的研究顯示，這種雙手協作的技能似乎是透過腦皮質層下的連結來進行。

自身幻視症（Autoscopia）

罹患自身幻視症，會產生一種把自我投射到外面世界的幻覺，在自身之外看到自己的身體或臉孔，發生原因可能是某種神經病變或精神失常，然而健康的人也會發生，尤其當快睡著或快醒來時。患者看到自己的身體通常呈現像幽靈的半透明或冷凍透明。具有真實的物體形狀和密度感，卻沒有真實物體的不透明性，此外，幻視產生的人常模仿病人的行為。

病人不像卡普格拉症患者會否認或是拒絕幻覺身體與自己的關係，與幻覺之間反而有歸屬感或自我感，他們會認為那些幻覺是自己的一部分，而且會有與幻覺合一的感覺。范伯格有一位右後頂葉受損的五十七歲病人，是位退伍軍人，在醫院手術間看著室外花園時，看到有人在他左邊四呎遠的地方，他很快就認出那是自己。另外，一位三十七歲的家庭主婦如此描述自身幻視經驗：「我覺得我好像站在一個傾斜的平面，從幾尺高的地方往下看著家人，看著我自己做早餐，我並不害怕，只是驚奇。」退伍軍人的案例是幻覺現象，家庭主婦的案例則是俗稱靈魂出竅（OBE）的現象。自身幻視症說明自我是可以被分開的，而且一個人可以經驗到經驗的主體和被觀察者的主體兩種感覺。這樣的自身幻視現象顯然存在久遠，在世界各地不同文化的文學作品中，都可讀到「存在自身之外的自己」的描述。不過因為自身幻視的病例罕見，目前仍缺乏有系統的神經病學研究，擁有足夠證據的神經科學理論也很少。

盲視：無意識的視覺

一九七四年，英國倫敦有一位視覺皮質區長了良性腫瘤的病人，在手術移除腫瘤之後，視覺區受到局部損傷。為了保護病人隱私，稱之為ＤＢ。以鼻子為界，ＤＢ失去了視野左半的視覺，他看不見位在鼻子以左的任何東西。ＤＢ後來成為沃林頓（Elizabeth Warrington）和魏斯克倫茲（Lawrence Weiskarantz）的實驗對象，也讓他們發現了盲視現象。

實驗顯示，ＤＢ雖然看不見視野左半的東西，但若強迫猜測，ＤＢ的正確率達百分之八十。可見ＤＢ雖然失去視覺經驗，但無意識的視覺似乎仍存在。ＤＢ的案例也證明在沒有視覺意識的情況下，視覺仍然可以成功引導行為。ＤＢ不僅可以猜到看不見的物體是什麼東西，對這些東西也會產生情緒。當出示人臉給ＤＢ看，ＤＢ可以區辨那是哀傷或快樂、生氣或驚訝的臉。當示以驚恐的臉，DB甚至會產生生理上的緊張反應，這說明無意識的視覺與情緒腦區產生同步反應。

有一位全部視野都看不見的病人，平常靠拐杖行走。魏斯克倫茲拿走他的拐杖，在走廊上擺了一些家具，要求病人不受這些障礙影響，走到走廊另一端。這位病人順利走到走廊另一頭，沒有碰撞到任何家具，令人驚奇。病人說他看不到任何東西，也沒有察覺自己繞行障礙物的行為，並堅持自己一路以直線走過長廊。

盲視現象似乎說明人可以沒有視覺，也不一定需要意識，就像沒有意識的機器人一樣，行動自如卻沒有感覺。將盲視病人的案例推到極端，就成了哲學喪屍人。在心靈哲學領域，有些哲學家試圖論證意識是不具因果作用力的伴隨現象，就像影子一樣，不能說它不存在，但是它卻不具有任何物理因果作用。哲學喪屍人指和正常人完全一樣，獨缺意識的人。如果哲學喪屍人可能存在，就證明了意識在物理上是多餘的，無因果作用的現象。

眼睛正常卻看不見東西的另一種症狀，叫做視盲病識缺失症（visual anosognasia），又稱為安東—巴賓斯基症（Anton-Babinski syndrome）。這種對視盲缺乏病識感的症狀，導因於枕葉腦傷。因為病人的眼睛正常，所以不叫做眼盲，而稱之為腦皮質盲

（cortical blindness）。病人會否認看不到東西，堅持他們有視覺，並虛構故事來掩蓋看不見的事實。

情緒意識障礙（Alexithymia）

有些人似乎缺乏感覺快樂、憂傷或愛的能力。不僅如此，這些人缺乏所有與情感或情緒有關的感覺能力。他們不知道愛的感覺是什麼，無法經驗正常人的戀愛感覺。當親人逝去時，他們不覺得哀傷，也不懂別人哀傷的感覺。看到年輕夫妻愛撫初生嬰兒，展現歡樂與喜悅，他們根本無法瞭解。他們每天的生活如同機器人，所有的生活內涵都是機械式的，沒有任何情緒。就像盲人一樣，他們算是情緒盲。見到親人與見到陌生人沒有兩樣，都是機械式的動作，沒有感情。這種病症叫做情緒意識障礙。

情緒意識障礙於一九七二年首度被描述。病人並非語言溝通能力有問題，而是缺乏任何情緒經驗；與正常人剛好相反，一般人會有情緒經驗，只是語言表達會有障礙。這是一種意識障礙，換句話說，是一種經驗障礙。病人完全缺乏正常人的情緒與情感經驗。到底是肇因於哪個腦區的病變、導致情緒意識障礙，學界尚無定論。

第四章

『動物有沒有意識？』

走在熙熙攘攘的街頭，男男女女、老老少少錯身而過，每個人的表情都不一樣，有的神采飛揚，有的雀躍微笑，有的神情嚴肅，有的略顯哀傷，也有人面無表情。街上的人都和自己一樣，有感覺、有意識、自我，這似乎是再確定不過的事了，畢竟路上的人都是活生生的，當然一樣是有感覺知覺、清醒而有意識的人。

總不可能是電影中的喪屍吧？通常沒有人會懷疑其他人是喪屍，沒有意識；然而在哲學上這卻是一個難題。有一種哲學主張叫獨我論（solipsism），認為「世界上只有我有意識和心靈」，我的意識經驗所及就是世界，世界不外乎我的意識經驗所及。所以「滿街的人都是喪屍，都沒有意識」不是全無道理。雖然大部分的哲學家否認自己是獨我論者，但是許多主流哲學家如笛卡兒和經驗論者，其主張其實皆隱含了獨我論。

要證明「我」以外的人和其他動物也有意識經驗非常困難，這也是為什麼奈格說我們不僅無法設想做為蝙蝠的感覺，也無法設想做為其他人的感覺。主要理由在於意識經驗是主觀的，只有從經驗主體（當事人）的觀點，才能知道當事人的感覺是什麼：我們永遠無法確定別人的痛覺是不是和自己的一樣。

哲學上有「他人心靈」的問題。形上學上問：除了我以外，有沒有其他心靈存在？知識論上問：如何知道有別的心靈存在？科學家通常不管形上學問題，而專注在以科學方法探知其他動物有沒有心靈。目前常用的方法不外乎行為上的類比和神經生理的相似性兩種方法，如果某一種動物在認知行為上和人類相似，就有理由推測牠有心靈，是為行為類比法；如果某一種動物的神經生理結構和功能與人類相似，似乎也有理由相信牠有心靈，雖然在行為上不見得相似。

《紐約時報》科學版最近有一則報導，引述澳洲學者巴倫（Andrew Barron）和克萊恩（Colin Klein）在澳洲國家科學院學報上發表的論文，認為昆蟲具有意識。蜜蜂找到花蜜時會告知其他同巢的蜜蜂；蒼蠅會躲避蒼蠅拍；蟑螂選擇在夜間出沒，逃避人們的追殺；這些相對低等的動物其實有相當複雜的行為。我常常看著螞蟻忙碌地運送食物，看著螳螂在樹枝上狀似沉思，看著群蝶在空中追逐，心中想著：牠們是否意識到自己正在做什麼？有感覺嗎？會痛嗎？快樂嗎？覺得蜂蜜好吃嗎？如何看待人類？牠們眼中的世界是怎麼樣的世界？

位在腦幹區的中腦與意識有密切關聯。科學家發現中腦健全、但其他腦區受損的病人，仍然擁有簡單的意識。昆蟲的腦的作用與人的中腦有些類似，都會從環境、記憶和身體接收並整合訊息，接著組織其活動。如果中腦與意識有關，那麼昆蟲也應該擁有簡單的意識。科赫同意巴倫和克萊恩的推論，認為昆蟲腦的電路密度不亞於人的新皮質層，因此有很好的理由主張昆蟲擁有意識。不過即使接受上述結論，昆蟲的感覺經驗和我們的應該有很大的不同，例如昆蟲也許沒有痛覺，但是有其他表示相似功能的感覺。夏天正午時刻，昆蟲大概不會覺得日晒好熱，但是應該有表示相近意義的感覺；昆蟲也許不會覺得快樂，因為這種情緒對牠們大概無用，但是昆蟲一定擁有我們難以想像、甚至永遠不可能知道的感覺。因此做為一隻蝴蝶的感覺像什麼？可能永無解答。《莊子．齊物論》中，莊周夢見自己變成一隻蝴蝶，結果蝴蝶也睡了，夢見自己是莊周，醒來之後發現自己還是莊周。莊周搞不清楚自己到底是蝴蝶夢中的莊周、還是夢見成為蝴蝶的莊周。「莊周夢蝶」是比喻真實與夢境難分，不過從上面的討論來看，莊子實在不可能知道做為蝴蝶的感覺像什麼，他只能夢到自身的感受，而非蝴蝶的。

動物真有感覺，也會思考嗎？還是只是擬人化的結果？前面提到部分科學家主張昆蟲有感覺及意識，如果昆蟲都有了，靈長類、哺乳類、鳥、魚等動物想當然也都有意識。昆蟲以下的螃蟹、蛤蠣、水母、珊瑚等有沒有意識？蛔蟲、線蟲、蚯蚓有沒有意識？如果這些低等動物也都有意識，那麼做為牠們的感覺是什麼？在演化的階梯上，有意識和沒有意識的分界線在哪裡？有什麼科學的理由或哲學的論述做為根據？

有些哲學家認為除了人之外，其他動物都不具有意識，笛卡兒是最具代表性的人物。他認為動物只是機械裝置般的生命，是自動系統（automata），沒有語言也沒有思考能力，當然也沒有靈魂。當代哲學家戴維森（Donald Davidson）認為動物沒有語言能力，因此無法產生思想。思想是系統性的信念之網，這是動物辦不到的，所以動物沒有思想也沒有意識，和笛卡兒的見解一樣，認為動物是沒有心靈的自動機器。

因為動物沒有自然語言能力，牠們不可能有概念，也不可能有自己的心理狀態的概念。例如沒有能力形成「痛」、「紅色」、「酸味」、「優美的高音」等感覺概念，動物便無法對其感覺知覺狀態形成高階思想（the higher-order thoughts）。根據羅森薩（David M. Rosenthal）的說法，意識即高階思想。既然動物不能對其感覺知覺狀態形成高階思想，根據高階思想理論，動物應該沒有意識，畢竟很難證明一條狗有能力表達「我正痛著」的思想。不過羅森薩不喜歡從他的理論導出動物沒有意識的說法，他認為動物有其形成高階思想的方式，不一定使用語言概念。我倒認為他的回應太牽強，只說明高階思想的條件太嚴苛，會將太多動物排除於意識俱樂部之外。

哲學家的理由硬梆梆的，而大眾通常覺得動物的行為僵固化，沒有彈性、一成不變，類似人的反射動作或無意識的夢遊行為，令人懷疑動物有心靈。有些則根本是人類沙文主義，覺得動物是低下而沒有靈魂的。動物真的沒有心靈嗎？看看一位了不起的科學家格里芬（Donald Griffin）怎麼說。

格里芬可說是當代動物認知與意識研究的奠基者，也是動物行為學的開創者，最早提出蝙蝠的聲納巡航系統理論。在上世紀七〇年代，主張動物有思想並能推理，在科學圈仍然是禁忌，在哲學圈語言分析也不是學術主流。學界普遍認為因為我們觀察不到心靈與意識，只有行為能被觀察到，因此科學只能研究動物行為，不應觸及心靈與意識。「嚴謹科學家」的聲名在外，因此格里芬就像八〇年代開創意識科學研究的艾德蒙和克里克，可以說是動物意識研究之父。格里芬認為動物有心靈與意識，主要理由是動物的行為具有相當的複雜性和適應性，下面是格里芬的觀察證據。

動物會做這些事

孔蛛（portia）是跳蛛的一種，屬於節肢動物門，具有分散神經節，視力比許多哺乳動物都好，非常聰明，是一流的獵食者。在獵食之前會先仔細觀察獵物和周遭環境，擬定計畫，甚至誘捕其他的蜘蛛，進行捕食行動。牠能記住從自己到獵物所在位置之間的複雜路徑，會從錯誤中修正路徑，直到獵捕成功。從孔蛛的獵食行為來看，不得不承認牠們有相當複雜的認知能力。

擬態章魚（mimic octopus）是很神奇的無脊椎動物，神經系統由頸部及腹部神經節組成。為了保護自己或獵捕其他動物，擬態章魚可以說是變身專家，可以擬態成近十種不同的海底生物，視環境及天敵出現與否，決定變身成何種模樣。不僅海蛇可能是擬態章魚的變身，牠還可以變身成比目魚、鰻魚、瀨尿蝦、海星等，也能模擬環境，讓天敵察覺不到牠的存在。

日本有一種小嘴鴉（carrion crow），是烏鴉的一種，非常聰明。我在動物行為研究的課堂上，一定會讓學生看小嘴鴉利用車子壓碎堅果的影片。小嘴鴉覓到堅果後，會將堅果投落在馬路中間，讓汽車輾過壓碎，以取食果仁。有時小嘴鴉投落位置不佳，雖然果核被碾碎了，可是車子不停地通過，或是落在車底盤下方。對小嘴鴉來說，去撿拾果仁是十分危險的事，神奇的是，小嘴鴉後來會選擇有紅綠燈的十字路口，並且將堅果投落在斑馬線上，等紅燈亮起，車子停止時，小嘴鴉就跟著行人走到斑馬線上撿拾果仁。當我在教室放這段影片時，學生們無不哄堂大笑。另一種生活在城市中的烏鴉叫巨嘴鴉（jungle crow），牠是會記恨的鳥。東京上野動物園為了保護其他動物、避免受到烏鴉的攻擊，派人摘除烏鴉的巢。沒想到烏鴉記住了這個人的容貌，伺機攻擊，動物園的員工因此換裝並戴帽子，但還是被烏鴉認出來，遭到攻擊。烏鴉展現了十足的記憶能力、辨識力、情緒、判斷力與解決問題的能力。

大猩猩可可（Koko）的語言表達能力和情感表現，也常登上全球的新聞內容。可可在史丹佛大學學習美國手語，能用手語打出一千個字彙，認得兩千個英文單字，並造出平均包含三至六個字的句子。牠養了幾隻小貓當寵物，其中一隻車禍死去時，可可用手語比出「Bad, Sad-Bad」及「Frown, Cry-Frown」，並獨自哭泣。可可的英文單字能力可能比臺灣的一些大學生好，而且牠的手語造句並非只是模仿，而是可以因應不同情境，創造出新的短句。可可其實已具備語言學家所定義的部分語言能力。最令人印象深刻的是牠對小貓的喜愛之情，以及小貓死去時的哀傷。笛卡兒和戴維森如果知道可可的例子，會不會重新思考「動物只是自動機器」的說法呢？

動物的許多行為表現比人類更好。《自然》（*Nature*）雜誌在二〇〇七年有一篇報導，論及灌叢鴉（scrub jay）的記憶能力。灌叢鴉能預期並計畫未來，牠們在夏天儲存許多果核，以備過冬。令人驚奇的是，十萬個果核儲存在三萬個位置長達九個月，灌叢鴉都可以記住每一個位置。牠們也有「賞味期」的概念，容易腐敗的食物如毛毛蟲則會先取食。這似乎表示灌叢鴉的記憶牽涉到確切的地點與時間，而且似乎有能力形成情節記憶。涉及特定時間、空間的記憶稱為情節記憶（episodic memory）。

京都大學的靈長類研究所長期研究黑猩猩的行為，有一個實驗證明黑猩猩的短期記憶能力遠優於京都大學的學生。這個研究所由松澤哲郎主持，臺灣曾出版一本松澤哲郎的書《想像的力量：心智、語言、情感，解開「人」的祕密》，他最有名的研究是「小愛計畫」（Ai Project）。

小愛是一隻雌性黑猩猩，有一個兒子叫小步（Ayumu）。松澤讓小步看電腦監視器上顯現出來的阿拉伯數字一至九，數字會隨機出現在監視器上的各個位置，一閃即逝後變成白色正方形。小步接著要依數字大小順序，用手指觸碰這些白色正方形，觸碰後，白色正方形會還原成數字。如果小步碰觸的順序完全由一至九，便可以得到食物做為獎勵。這等於考驗小步的視覺短期記憶，結果小步幾乎全部正確。松澤要京都大學學生也做這個測驗，結果零零落落，慘不忍睹。這個實驗證明了黑猩猩的短期記憶遠遠優於人類。

從認知到心靈與意識

前面看到，不同複雜度的動物皆展現「似有認知能力」的行為表現。如何判斷哪些能力可稱為認知能力？如何論證動物也有心靈？本章一開始就提到，行為類比是方法之一，如果動物有類似人類的行為或神經生理機制，便可以推論動物也有心靈。科學上也常用哲學上所謂的最佳解釋論證：動物有如此複雜行為的最佳解釋是動物有心靈。動物顯然有很好的記憶、有限的語言溝通、情緒與知覺，能思考、計畫有限的未來、構思行動策略或學習新能力，這些都屬於認知能力。然而有認知能力就有心靈嗎？

當我們問動物有沒有意識時，有兩種不同的意義。第一種是指生物整體是清醒的、抑或處於深沉睡眠、休克或死亡；第二種則指是否有意識自己處在特定心理狀態下，例如覺得痛時、聽到音樂是否有意識。第二種意義下的意識當然預設自己是清醒的；如果在第一個意義下沒有意識，例如植物人，便不可能意識到痛、音樂、氣味或情緒等。

動物有認知能力不代表有意識，因為我們知道人工智慧也可以有認知能力。今天的人工智慧不只會下棋，事實上已廣泛應用在家電與汽車上，甚至可以自動駕駛汽車、飛機、太空船等，生產線上也大量用機器人取代勞工。在可預見的將來，會計師、律師、醫師等專業工作都可能由人工智慧取代。任何專業工作，只要牽涉大量資料分析、判斷、策略選擇與推論，都是人工智慧的強項。人工智慧似乎還一籌莫展的、人性的最後堡壘，就是感覺知覺經驗。如何創造出有意識的機器人？機器人可不可能有意識？這應該是人工智慧領域的最後一個問題。

動物有沒有意識？這個問題等同下面的問題：象群聚集在死去的大象附近哀叫守候，在哀悼嗎？象群會難過嗎？火烤或針刺時，動物會逃跑，牠們會痛嗎？彼此打鬧的幼獅在玩耍嗎？開心嗎？黑猩猩母親背著幼兒的乾屍，會難過與不捨嗎？黑猩猩和人類一樣，嬰兒出生時自然流露的「新生兒微笑」非由視覺引起，那是為什麼笑？會因此感到快樂嗎？如果答案都是否定的，無異於表示動物沒有感覺和情感，只是精良的自動機器。

意識的三個層次

第一個層次指現象意識，表示當下經驗的那種感覺（what-it-is-like-ness），也就是感覺的質感、哲學家說的「感質」，這些都是生物的主觀經驗，例如視覺、聽覺、觸覺、嗅覺、痛覺等。第二個層次是反思性意識，能思考當下及過去的經驗。有解決問題、學習和計畫等行為的動物，應該能思考其當下及過去的經驗。第三個層次是自我意識，是「我的經驗屬於我自己」的那種感覺，我們的感官經驗都呈現自我擁有的感覺。是不是所有的動物都同時有這三層意識？或者某種意識只侷限在某些動物？如何判斷動物有這些意識？

演化史上從什麼動物開始有現象意識？什麼樣的神經生理機制才會產生現象意識？以痛覺為例，具有中樞神經系統的動物有魚類、兩棲類、鳥類和哺乳類，非脊椎動物只有神經節，沒有中樞神經系統，能不能說沒有中樞神經的生物沒有痛覺？即使沒有痛覺，也可能有其他感覺，甚至有超乎人類想像的感覺。無脊椎動物可能活在一個奇幻的感覺世界中，誰知道呢？

如何判定動物是否感覺到痛？以人類為例，當感覺痛時，在行為上會反射性地抽離導致痛的刺激，身體可能會顫抖、哀號、流淚以及出現異常的身體動作，例如一拐一拐地或單腳走路，以避免再次受刺激。在神經生理上，外在刺激引發痛覺受器（nociceptors）的反應，由C－神經纖維和A-delta神經纖維傳遞到丘腦，再到體感覺區處理。C－神經纖維速度較慢，負責比較鈍且位置模糊的痛覺，位置明確的銳痛刺激，則由速度較快的A-delta神經纖維傳送。如下圖所示。如果其他動物也有相似的行為和神經生理機制，是不是就和人類一樣，擁有相同的痛覺？

首先來看動物是否有如人類痛覺的行為。所有的脊椎動物在遇到會產生痛覺的外在刺激時，都有類似的行為反應。我小時候住鄉下，常有機會看到殺豬或殺

痛覺神經路徑

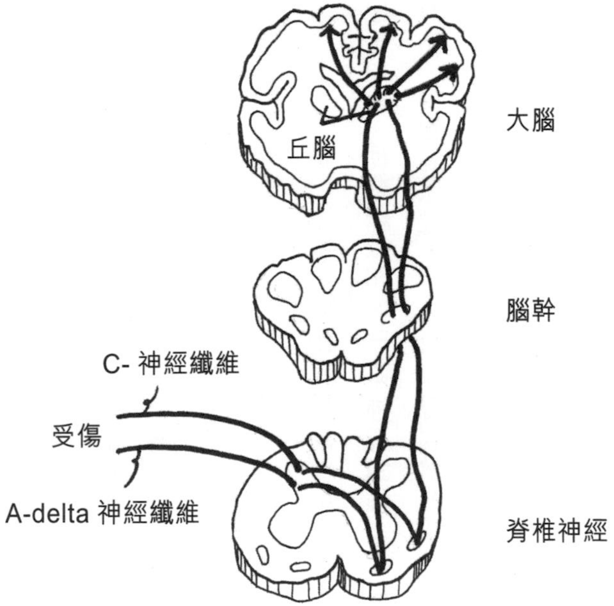

雞——現在的年輕人也許只看過超級市場的豬肉與雞肉——那景象可說是烙印於腦海中，揮之不去。有時看到運豬車呼嘯而過，車上擠滿了待宰的豬，我腦中馬上會浮現豬隻哀號的畫面，可以感受到豬正承受極大的痛苦，這種感覺讓我基於人道理由盡量吃素。我相信動物被宰殺時一定很痛苦，牠們的行為揭露了一切。不過這只是行為上的類比，邏輯上並不保證這樣的推論一定有效。至於軟體動物如水蛭、蝸牛和單細胞生物草履蟲，遇到強酸也會逃避。牠們純粹只是生理反應，還是伴隨痛覺？

其次來看動物的神經生理結構和人類的是否類似。丘腦和體感覺區在人類痛覺扮演重要角色，科學家發現魚類、兩棲類、爬蟲類、鳥類、哺乳類和靈長類都有丘腦和體感覺皮質區。這些動物也都有痛覺受器C－神經纖維和 A-delta 神經纖維。有趣的是，無脊椎動物中，水蛭也有感覺受器和C－神經纖維，也有對痛覺刺激的逃避反應。水蛭會覺得痛嗎？如上面說過的，水蛭也有可能活在一個我們無法瞭解、無法想像的感覺世界中，如果行為雷同、加上類似的神經機制，都不足以使人信服動物具有意識，未免就太人類沙文主義了。

什麼動物有反思性意識？也就是說，哪些動物能思考當下或過去的經驗？什麼樣的行為可以做為反思性意識的證據？要解決問題、學習和計畫未來，必須能思考當下和過去的經驗，靈長類和哺乳類無庸置疑地都具備這樣的能力，鳥類如烏鴉也如這般聰明；有趣的是章魚雖然是軟體動物，卻有解決問題以取得食物和逃脫的能力，其他軟體動物、魚類、爬蟲類和兩棲類動物，尚未觀察到類似行為。然而，動物能思考過去和當下的經驗，可不可能是對這些動物行為的過度解釋？會不會犯了擬人化的錯誤？這個問題沒有確定的答案，因為動物的行為再複雜、再具巧思，都有可能只是無意識的規則依循，像電腦跑程式一樣——即使複雜到可以自動駕駛一架波音七七七，我們也不會說飛機上的電腦有反思性意識。

自我意識預設擁有「我」的概念，有些人認為動物得具有自然語言能力，才可能擁有「我」的概念，這倒不必然。概念是一種心智能力，表示能夠區別或分類。當我們說「豬頭皮有『香蕉』概念」，意思是說歌手豬頭皮有能力區別香蕉與非香蕉；同理，具有「我」的概念意謂有能力區別自我與他人，因此沒有語言能力的動物仍然有可能擁有「我」的概念。

演化史上從什麼動物開始有自我意識？科學家常用的測驗是「鏡子測驗」（mirror test）。一開始先在動物臉部做個標記，例如一個紅點，接著讓動物看鏡子中的自己。如果受試動物沒有反應，則未通過測驗。如果透過觀看鏡中影像而試圖移除紅點，則通過測驗。這個測驗是由心理學家蓋洛普（Gordon Gallup）於一九七〇年設計。不過也有人質疑鏡子測驗的可信度。能通過測驗的動物不多，除了人類之外，大猿、海豚、大象和逆戟鯨（orcas）也通過測驗。質疑的人認為是否有可能通過測驗、但不具自我意識？動物可能只是受到鏡中的影像引導，企圖抹掉紅點，而不知道鏡中的是「我」。完全確定具有自我意識的只有人類。

動物的感覺世界

前面提到，我們似乎有相當的神經生理證據主張魚類有痛覺。只要具有中樞神經系統，並且有丘腦和體感覺皮質區的動物都可能有感覺。至於無脊椎動物，例如昆蟲到底有沒有感覺，是很難回答的問題。昆蟲對受傷似乎毫不在意，腿受傷時也不會減少用力，甚至蝗蟲正被螳螂吃的同時，自己也仍大快朵頤，繼續吃著口中的食物。昆蟲真的沒有痛覺嗎？有沒有視覺、觸覺、味覺、嗅覺？如果昆蟲沒有任何感覺，那就可以說沒有意識。也有人質疑：昆蟲有眼睛，有些還能辨識不同的化學分子，也許這些昆蟲有感覺，只是牠們的感覺和我們的不同，超乎我們的想像；不過牠們仍可能是小小的機器蟲，具備所有的感覺功能，卻沒有感覺內容或感質，因此沒有意識。

就痛覺而言，所有的脊椎動物和人類相比，都有行為上及神經生理結構的相似性，似乎有很好的理由說明「脊椎動物都有痛覺」。覺得痛卻沒有意識到痛覺是不可能的事，換言之，有痛覺就有意識。同樣的道理可以推廣至視覺、聽覺、嗅覺、味覺與觸覺等，因此可以合理推論脊椎動物都有意識，儘管我們可能處在完全不一樣的感覺世界。

做為一隻蝙蝠的感覺像什麼？蝙蝠會痛、有視覺、能用回聲定位獵物，吸血蝙蝠甚至有「熱感應器」，可利用紅外線發現獵食對象。蝙蝠有感覺及現象意識，但是我們無從得知蝙蝠的感覺像什麼。以熱感應為例，可以用電腦模擬熱感應視覺，可以「看」到溫熱的生物身體，不過卻無法說這就是蝙蝠用熱感應「看」到東西的感覺，因為我們只是透過電腦模擬「看」到，並推論蝙蝠「看」到相同的視覺內容，最終還是我們在看而不是蝙蝠。蝙蝠的感覺世界是什麼，對人類來說恐怕是永遠解不開的奧祕。奈格認為這個難題純粹是因為物理科學的侷限性，物理學家若真能找到新的概念，有一天人類也許可以瞭解這種感覺。

動物似乎也能反思當下與過去的經驗，這表示動物能將當下的經驗與過去的經驗記憶相互連結。主要的證據是學習與計畫未來的能力。學習的本質是歸納，就過去的經驗分析出規律，計畫未來則需要模擬尚未發生的事件。不過也不是所有動物都有一樣的能力。我用「時間框架」（time frame）概念來區隔不同的物種。「時間框架」指從現在向過去與未來延伸的「長度」。在演化階梯上愈低等的動物，其時間框架愈短，甚至侷限在當下。如果昆蟲有感覺，牠可能只活在當下，沒有過去與未來的概念；蝴蝶成蟲的壽命最長可達數個月，相信沒有蝴蝶會覺得生命苦短。昆蟲有沒有感覺尚無定論，不過近年來有些研究試圖證明昆蟲有情緒，目前不論科學或哲學，「情緒」這個詞的意義可謂眾說紛紜。知名神經科學家勒杜（Joseph LeDoux）因此認為「情緒」這個詞應從科學用語中剔除。我不同意勒杜的看法，因為「意識」這個詞在九〇年代之前，在科學界也幾乎是禁用的，但是三十年後的今天，意識已經成為嚴格科學關注的焦點。

蝴蝶不會覺得蝶生苦短，因為牠的時間框架很小，或許只活在當下。設想如果只活在當下，過去與未來不僅沒有意義，甚至連過去與未來的概念都沒有，應該無憂無慮，只須不停地經驗當下的感官刺激。對蝴蝶來說，學習與計畫可能不重要，因為所有維持生存的技能都已內建在基因遺傳中，純粹是神經反射作用。

活龍蝦被丟進沸騰的水中，會不會覺得痛？這個問題在美國引起大眾關切，也有很多科學研究報告想要證明各種結論，但一直沒有定論。這個問題之所以引起注意，是因為龍蝦肉裡面可能有一些有害細菌，當龍蝦死亡，這些細菌會快速地大量繁殖，即使用滾燙的水去煮，也不見得能殺光，因此活煮龍蝦成為習俗。愛護龍蝦的人覺得這樣會帶給龍蝦劇痛，反對生煮龍蝦，甚至反對吃龍蝦。持對立意見的人透過科學研究，試圖證明龍蝦不會痛，主要的理由是龍蝦沒有大腦，和昆蟲一樣由神經節（大約十萬個神經細胞）構成神經系統，因此這個簡單的神經系統不存在對應於人的痛覺神經機制。殺死蚊子或蒼蠅時，會關心牠們會不會痛嗎？好像很少人在意這個問題。同樣的道理，我們大可不必庸人自擾，不必擔心龍蝦會不會痛。

魚會不會痛？魚類已知有微型的中樞神經系統，也有某些狀似痛覺的行為反應。然而魚會不會痛，這點尚在爭辯中。許多研究認為魚類沒有新皮質層，也沒有類似哺乳類的C-神經纖維和A-delta神經纖維，因此沒有類似哺乳類的痛覺。而狀似痛覺的行為反應難免只是從人類角度的解釋。以此類推到其他感覺，魚類是無意識的生物。

《科學美國人》在二〇〇九年有一篇報導，認為魚可以有意識地經驗不舒服。普渡大學的加納（Joseph Garner）做了一個實驗，他將金魚分為兩組，一組注射生理食鹽水，另一組注射嗎啡，然後將牠們放入高溫（但不至於傷害金魚）水箱中，再撈出來置入常溫水箱。觀察兩組金魚後發現，注射生理食鹽水那些金魚會盤旋在水箱中某一定點，而注射嗎啡的金魚則游來游去，看起來十分放鬆。加納認為注射嗎啡的金魚在熱水箱中沒有感受到不舒服，因此沒有驚嚇反應，另一組金魚則以盤旋在定點顯現出牠們的驚嚇與不舒服。這是不是可以證明金魚有不舒服的感覺？

鱷魚那一身厚厚的「盔甲」讓人印象深刻。在想像中，鱷魚的皮膚感覺一定很遲鈍，因為鱷魚在粗糙的河岸及危險重重的河底游走，一身「盔甲」正可用來保護牠的身體。然而鱷魚皮膚的觸覺出乎意料地敏銳，是動物中最敏銳的物種之一。事實上在那身厚「盔甲」之上，布滿了小小的圓形凸起。在這些圓形凸起內有很多觸覺感應器，帶給鱷魚對震動的超級敏銳度，甚至於比人類的指尖還敏銳。研究指出，鱷魚的觸覺相當傑出，讓牠們可以偵測獵物於水中的移動，也可精確偵測獵物位置，更可以有效地協助處理在口中的獵物。由此可見，鱷魚至少有觸覺的現象意識，或許也能反思牠過去與當下的感覺經驗，不過牠的時間框架應該也相當有限，所以沒有明顯的時間感，不會有意識地回憶過去或想像未來。對過去經驗的記憶通常會牽涉到特定時間在特定地點有過某經驗。如果某一物種的時間框架很窄，其時間感只能往過去延伸一點點，那麼任何超出時間框架之外的過去經驗，因為缺乏時間向度的標記與排序，涉及特定空間的記憶會亂成一團，根本無法形成情節記憶。

過去有些研究認為只有人類有能力形成情節記憶。我認為情節記憶不是有或無兩種可能而已。比較好的說法是：一個物種的情節記憶與其時間框架之寬廣度成正比。人類的時間框架是所有物種最寬廣的，因此情節記憶可以貫串數十年；其他靈長類的時間框架次之，哺乳類再次之。家裡飼養的寵物貓與狗，也有一定的情節記憶。貓狗的時間框架畢竟有限，牠們的情節記憶就不如人類的清晰且有邏輯。我們會編纂自己的故事，活在長長的記憶中，活在個人歷史中，也能外推過去的記憶到對未來的想像與期待。

因為我們的時間框架很長，我們從來沒活在當下，也從來沒有真正感受當下的無憂無慮。我們的現在永遠被過去的記憶和對未來的想像所「汙染」。演化上愈低階的動物時間框架愈短，愈活在當下，活在當下的世界是具象且充滿感覺知覺的世界。貓狗的世界相對於人類而言，可說是活在當下。牠們比我們短少的不是感覺或情感，而是那長長的記憶和招致挫折與痛苦的未來「展望」，比我們快樂多了，不過這是構成自我意識的基礎，也是文明可能的原因。

第五章

『機器人可能有意識嗎？』

在史蒂芬·史匹柏的電影《人工智慧》中，機器男孩大衛和人類男孩一樣，有喜怒哀樂、會嫉妒，當然也會愛人。馬丁因絕症而被冷凍陷入睡眠，大衛因而被收養以代替並彌補父母對馬丁的親情需要。媽媽莫妮卡由抗拒到接受，後來愛上大衛。不料馬丁奇蹟式地醒來，莫妮卡陷入交戰，最後與先生亨利決定將大衛送回原廠銷毀。大衛趁機逃走，到處尋求變成真正小孩的方法，期待莫妮卡會因此接受他。大衛聽說紐約康尼島上有個藍仙女，於是長途跋涉來到了紐約康尼島，找到了沉在海底的藍仙女雕像。直到身上的電力用罄，虔誠的大衛都還在祈求藍仙女將他變成真正的人類小孩。後來地球發生冰河現象，大衛與藍仙女都被冰凍在海底。

經過兩千年，人類早已滅亡。這時紐約來了外星人，研究兩千年前的人類。這些外星人絕頂聰明，但是缺乏人類的情感，他們很羨慕人類有這種能力，也被大衛對莫妮卡的愛所感動，於是答應讓大衛和莫妮卡重逢；可是因為同一時空下只能使用一次，外星人的科技只能讓母子相聚一天。這一天，大衛在外星人複製的家中見到了莫妮卡。大衛得到莫妮卡的母愛，度過最快樂的一天。一天過去了，夜裡莫妮卡睡著後便會死去，大衛又將失去莫妮卡的母愛；但至少大衛如願以償，當了一天人類男孩，也重拾媽媽的愛。

在這部電影中，大衛的行為與人類一模一樣，有感情也會愛人。史匹柏留了一個伏筆，大衛不會死，機器人只要有電力就能「活」，而且大衛被設計成一旦愛上媽媽，愛就永遠不停息。大衛和人類另一個差異是不需要也不能吃東西，吃了會使電腦故障。像大衛這樣的機器人其實還不存在，這是史匹柏假設的未來人工智慧。大衛有沒有可能有感情也會愛人？這正是最困難也最核心的問題。

我認為以當下科技水準，要創造出與人類一樣有感情、有意識的機器人，幾乎完全不可能。以現有的科學水準，我們甚至不瞭解意識和情感如何發生。哈薩比斯（Demis Hassabis）是 Deep Mind 公司創始人，也是人工智慧 AlphaGo 的設計者，他認為：「我們距離開發出和人類智力水平相當的技術至少還有數十年之遙。」不只時間的落差，要解決這些問題，哈薩比斯認為恐怕還涉及一些根本概念的革命。二〇一六年五月，《紐約時報》報導了一場由美國白宮科技政策辦公室所主辦的專題討論會，專家學者認為人工智慧要與人類匹敵還差得很遠，人類心靈之靈活及其學習能力，人工智慧仍是望塵莫及。辦公室副主任費爾騰（Ed Felten）說：「人工智慧學界爬過一座又一座的山峰，只見前面仍有無數山峰待攀登。」為什麼人工智慧要追上人類的智慧如此困難？如果是技術上有待突破，那只是時間上的問題；也有可能是理論上的侷限，需要理論上的創新，亦或機器人根本不可能產生意識。「人工智慧」這個詞的意義並無嚴格定義，人言人殊。要評估人工智慧的前景，以及回答機器人能不能有意識，我們需要先對這個詞的意義有一致的說法。讓我們從涂林算機開始，瞭解電腦的基本原理。

涂林算機：當代電腦理論的起點

涂林（Alan Turing）是英國數學家與哲學家，於一九三六年提出一個計算（computation）的數學模型。這套數學模型不是實體的計算機，而是抽象的數學運算機器。它其實是一套簡單的程式語言，可在理論計算機上使用。這個理論計算機和程式語言雖然非常簡單，但是計算能力卻非常強大，所有可計算的函數都可以用涂林算機來運算。

涂林算機的表達方式有很多種，在這裡我們用四項式的語法來說明。一個涂林算機指令可以表達為（q_i, S, O, q_j），其意義如下：

q_i：第 i 個狀態

S：0或1

O：動作，包括改變符號S，掃描頭向左移一格L，向右移一格R

指令（q_i, S, O, q_j）表示當算機處於狀態q_i下讀進符號S時，它就執行動作O，然後進入狀態q_j。

涂林算機的「硬體」包括一條無限長的記憶磁帶，磁帶劃成均等分的格子，還有一個可以左右移動的讀寫磁頭，如下圖（圖5-1）所示：

假設用n個1代表數字n，並規定磁頭的起始與終點位置在數字串的最左邊。下面是加法的涂林算機程式：

（q_1, 1, R, q_1）

（q_1, 0, 1, q_2）

（q_2, 1, L, q_2）

（q_2, 0, R, q_3）

（q_3, 1, 0, q_4）

圖 5-1

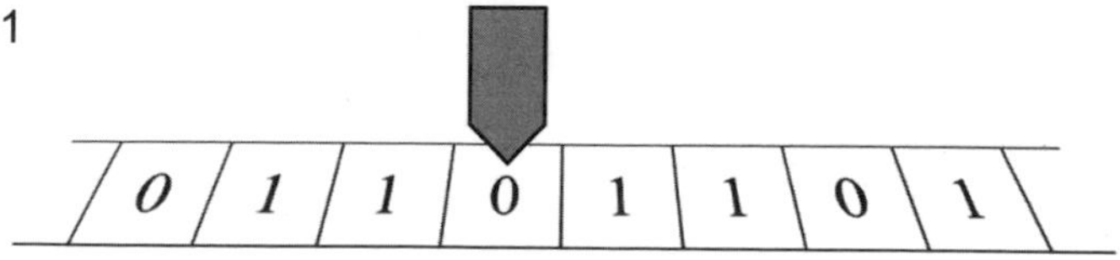

（q_4, 0, R, q_5）

我們用「2＋3」來驗證上面的程式是否正確。

起始如圖 5-2，目標如圖 5-3。圖 5-4 表示開始運算（q_1, 1, R, q_2）。

涂林算機在狀態 q_1 時讀到 1，因此向右移一格，狀態不變（圖 5-5）。

重複執行（q_1, 1, R, q_1），結果如圖 5-6。

這時候磁頭讀到 0，處於狀態 q_1，根據程式第二個指令（q_1, 0, 1, q_2），將 0 改寫為 1，並進入狀態 q_2（圖 5-7）。

此時算機讀到 1，處於狀態 q_2。根據程式第三個指令，磁頭向左移一格，狀態不變。如此重複三次，得到下列圖示（圖 5-8）。

程式指令（q_2, 0, R, q_3）要求算機磁頭向右移一格，進入狀態 q_3（圖 5-9）。

指令（q_3, 1, 0, q_4）要求將 1 改寫為 0，進入 q_4（圖 5-10）。

最後，（q_4, 0, R, q_5）指示算機向右移一格，並進入 q_5。在 q_5 狀態下沒有進一步的指令，算機在此停機（圖 5-11）。

算機最後的停機狀態的確就是「2＋3」運算的目標值「5」。

上面的例子雖然只是簡單的加法，但是電腦程式的基本原理就是這麼簡單。計算

圖 5-2

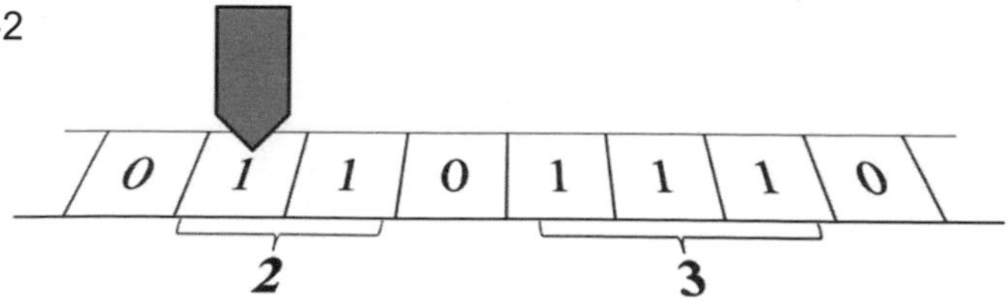

圖 5-3

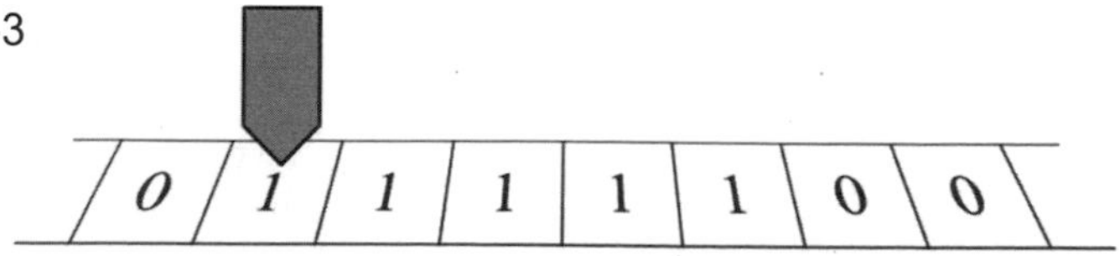

圖 5-4

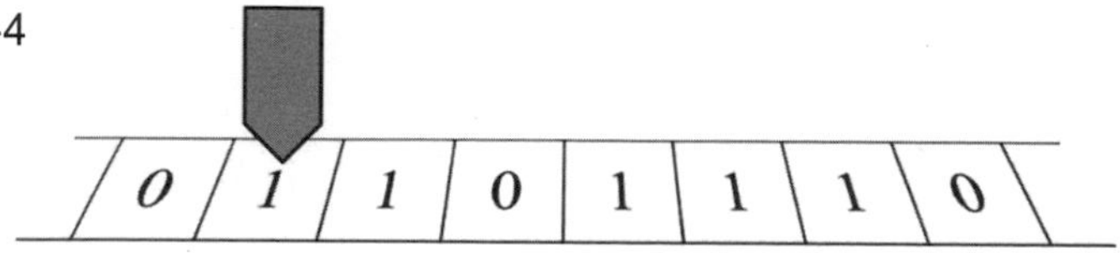

圖 5-5

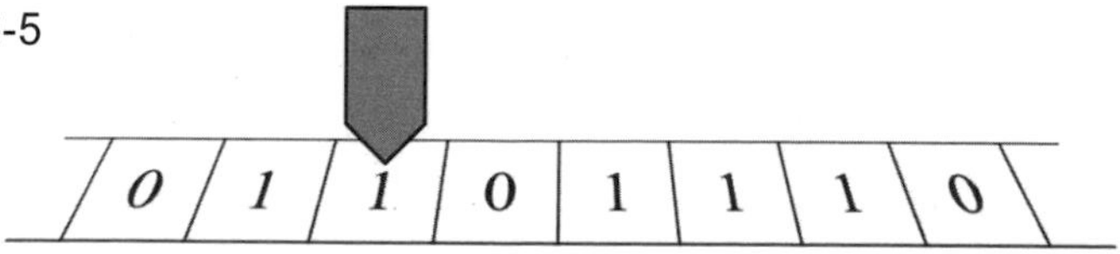

圖 5-6

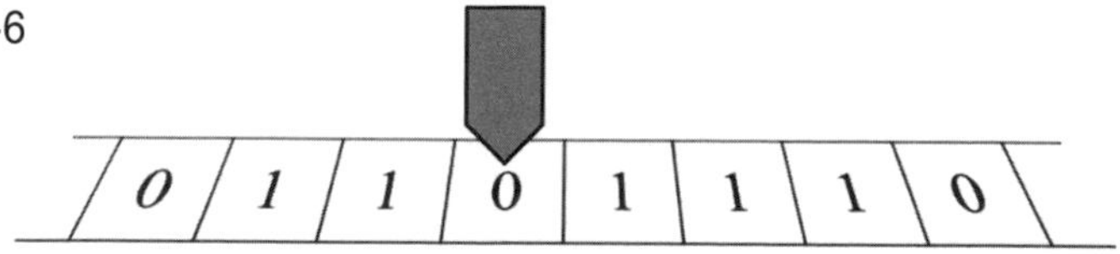

圖 5-7

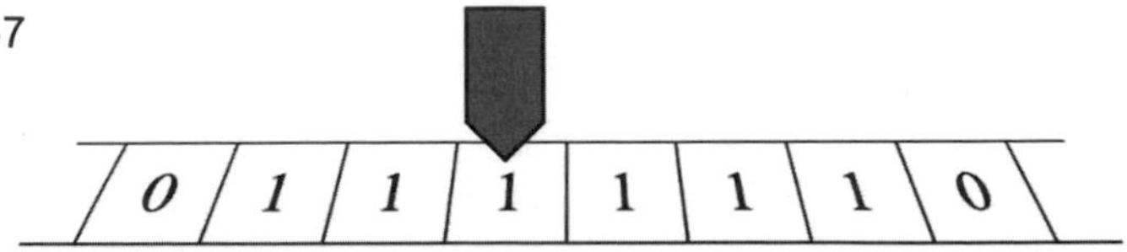

圖 5-8

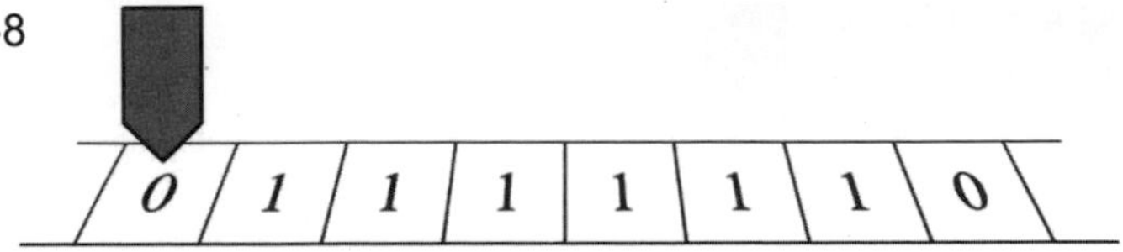

圖 5-9

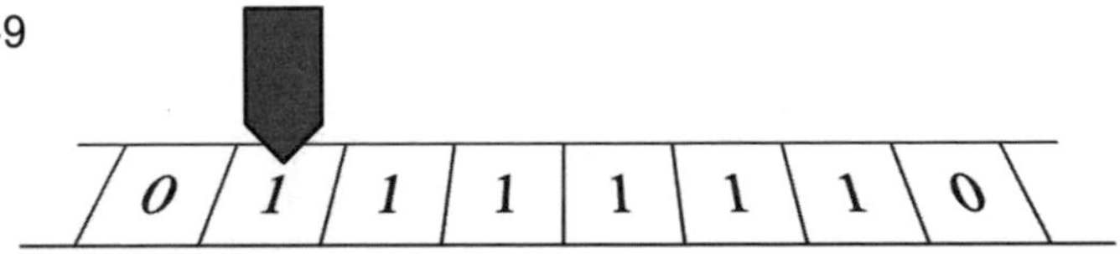

圖 5-10

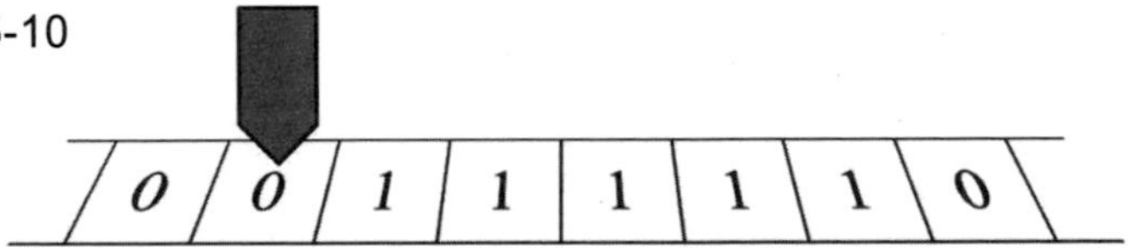

圖 5-11

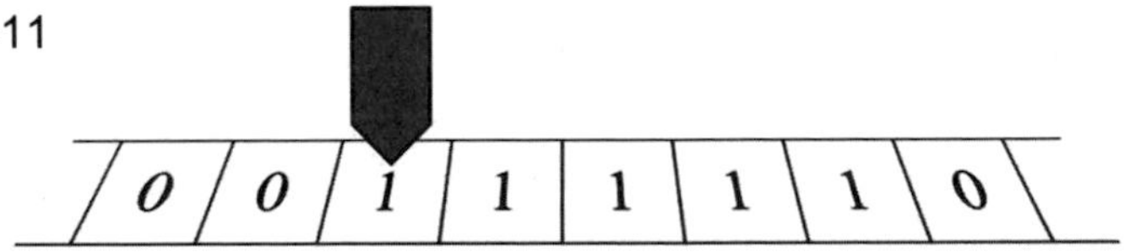

機的運算其實只是將 0 與 1 搬來搬去而已。涂林算機的記憶體無限大，運算速度也不受限，因此用來思考計算機的運算極限時，可以排除記憶容量與運算速度的限制。實際電腦不可能有無限大的記憶容量與不受限的運算速度，這讓涂林算機在概念上可以用來思考所有可能的計算機的理論上限，而非技術上的上限。

通用涂林算機（Universal Turing Machine）

前面例子說明可以設計一個涂林算機（程式）來執行加法運算，事實上算術中的加減乘除都可以用涂林算機。加法有加法的涂林算機，乘法有乘法的，理論上可以找到無限多的涂林算機來執行無限多的可計算函數。接下來有趣的問題是，有沒有一個通用的涂林算機（UTM）可以執行所有的計算？

答案是有。假定 TMi 代表一般算機，例如加法函數。加法函數處理兩個輸入值，或者說加法是將兩個輸入值加在一起，用符號表示可寫為 TMi (x,y)。通用涂林算機可以計算任何 TMi 可以計算的函數。它會長什麼樣子？假設 TMi 是加法涂林算機。那麼 UTM 處理 TMi、x、y三個輸入值，符號表示為 UTM (TMi,x,y)。

用大家熟悉的電腦做類比：買了一部電腦回家，事實上是買了一部通用涂林算機。TMi 代表內建或額外購買的軟體。這些額外的軟體可在 UTM 上執行。今天大家習以為常的電腦就是一種通用涂林算機。加減乘除都已內建了，你只需要輸入（＋，x，y）三個值給電腦，電腦就會算出 x ＋ y 的值給你。日常生活中應用了許多電腦如汽車、洗衣機、冷氣機、電視等，這些電腦只會執行少數計算功能，是為特殊用途電腦，而非通用電腦。

電腦能做什麼？

只要是可以計算的工作，都可以找到一個涂林算機來算它。這就是有名的邱崎—涂林設理（Church-Turing Thesis）。可以計算的函數是一個含糊的概念，沒有精確的定義，因此邱崎—涂林設理是無法用數學方法證明的命題。大家之所以相信它為真，是因為至今尚無反例出現。

設計一個涂林算機來做加法，意思其實是說可以寫一個程式來執行加法運算。學過程式設計的都知道，可以執行加法這個算程（algorithm）的程式有無限多個。換言之，對應於每一個可計算函數，存在無限多個涂林算機可以執行這個算程。涂林算機就是程式。電腦程式的特徵是在有限時間內，程式可以被執行完畢，停止運算，並輸出結果。陷入無限循環的程式會讓電腦停不下來，永遠不會輸出結果。

一九三三年，葛代爾（Kurt Gödel）和海伯倫（Jacques Herbrand）提出了一般遞迴函數論（Theory of General Recursive Functions）。在這裡我不打算進入數學的細節，只簡單地說，一般遞迴函數就是所有的算數函數。有趣的結果來了，所有的一般遞迴函數都可在涂林算機上計算，反之亦成立。這個結果其實蘊涵了涂林算機能做的計算不超出算術與邏輯，而且只能計算自然數。在一九四五年物理學家馮紐曼（John von Neumann）設計了當代第一部數據電腦。在馮紐曼的設計中，電腦的主要架構包括了中央運算器（CPU）和記憶體。中央運算器的核心就是算術與邏輯部件。今天的數據電腦都仍然使用馮紐曼的架構，能做的計算不會超出涂林算機，也不會超出一般遞迴函數，而且只能處理自然數。簡單來說，電腦能做的是執行一連串指令。電腦其實也不懂它所執行的指令的意義，它只是依據指令的物理性質執行機械式的運作。

模仿遊戲（Imitation Game）

著名導演帝敦（Morten Tyldum）於二〇一四年執導了電影《模仿遊戲》，述說涂林在二次大戰中破解德軍密碼的精彩故事，不過電影裡並沒有交代什麼是模仿遊戲。涂林在一九五〇年出版了一篇論文〈計算機與智慧〉，發表於有名的哲學期刊《心靈》。在這篇論文中，涂林提出一個後來被廣為討論的測驗方法，用來判定電腦是否具有等同於人類的智慧。後人稱這個測驗方法為涂林測試（Turing Test）。涂林測試是用「模仿遊戲」來判斷電腦是否具有人類的智慧。模仿遊戲的大要如下：一間房內有一個人和一部受測試的電腦，另一個房間有一位提出問題的人。兩間房間完全隔絕，僅有一個通訊用的設備連結兩室，通訊設備是鍵盤和字幕顯示器。電腦要以鍵盤和字幕顯示器來模仿人類的語言行為，讓詢問者分辨不出回答的一方哪個是人類、哪個是電腦。詢問者可以問任何問題，電腦和人都可以說謊。例如當詢問者問電腦：「你是電腦嗎？」電腦可以回答：「我不是電腦，他才是。」經過一段時間的詰問之後，如果詢問者分辨不出哪個是人、哪個是電腦，電腦就算通過涂林測試，也因此具有人類的智慧。

涂林預言五十年後，也就是西元二〇〇〇年，電腦科技就會進步到能夠通過涂林測試。這個時間早就過了，人工智慧的研究雖有很大的進展，可是主流學界認為電腦要通過涂林測試，時日還早。時日還早的説法表示有一天電腦可以通過涂林測試，可以擁有像人類一樣的智慧。然而，上面我們談到涂林算機是理論上最強的電腦，但它只不過是機械式執行一串指令而已。眾所周知，電腦程式只是一串有限的指令，充其量只是盲目操作機械式的程序。這樣的計算裝置如何可能具有思考能力？如果連思考能力都令人質疑，遑論幽默感、直覺、情緒、主觀經驗與意識？這些問題一個比一個難。下面我們來看哲學家瑟勒如何論證電腦不可能像人類一樣思考。

華語房間論證

哲學家瑟勒於一九八〇年提出所謂的「華語房間論證」，駁斥傳統的數據電腦釋模的主張，他稱之為「強ＡＩ」。「弱ＡＩ」指目的為製造有用機器的人工智能研究，這種研究不關心人類的心理模釋（mental modeling），只關心工程上的問題。「強ＡＩ」則主張人類的心靈就等於電腦的程式（program），適當的電腦程式可以恰當地模釋人類的心理現象。瑟勒認為「強ＡＩ」是錯的。他的論證如下：

電腦程式是形式的或語法的。

語法本身不足以構成或產生語意。

人類的心靈具有心理內容或語意。

因此電腦程式不足以構成或產生心靈。

任何足以引生心靈的系統必須具備等同於人類的因果能力。

任何足以產生心理現象的系統必須有能力複製人腦的因果能力，不能只是跑電腦程式而已。

因此人腦實際上產生心理現象的方法不等於只是跑電腦程式而已。

「華語房間論證」的策略是以一具體、淺易可懂的例子來說明為什麼電腦程式不等於心靈。

假定瑟勒本人坐在一個房間內，這個房間有兩個窗口，其中一個接受華語訊息輸入，另一個輸出華語訊息，同時假定瑟勒完全不懂華語。在房間內有一本以英文書寫的操作指南，敘述當輸入某一華語句子時，瑟勒應該輸出哪些恰當的華語語句。例如當瑟勒收到「你的職業是什麼？」這個句子時，瑟勒就去查操作指南，依照指示，由輸出窗口傳出「我是哲學家」。此時在房間外面觀察的人，會覺得瑟勒每次都有意義地回答了問題，或者與外面說華語的人成功交談。然而問題是：儘管瑟勒能依據操作指南「正確地」配對輸入和輸出的華語語句，瑟勒真正瞭解華語嗎？直觀上而言，似乎不能說瑟勒真正瞭解華語。

這個論證的策略，就是訴諸一般人的直覺，判斷「房間中的瑟勒不瞭解華語」，來論證電腦程式亦不瞭解華語。瑟勒認為電腦程式的作用是完全形式的，基本原理只是根據程式語言的語法性質來從事運算工作。簡單來說，

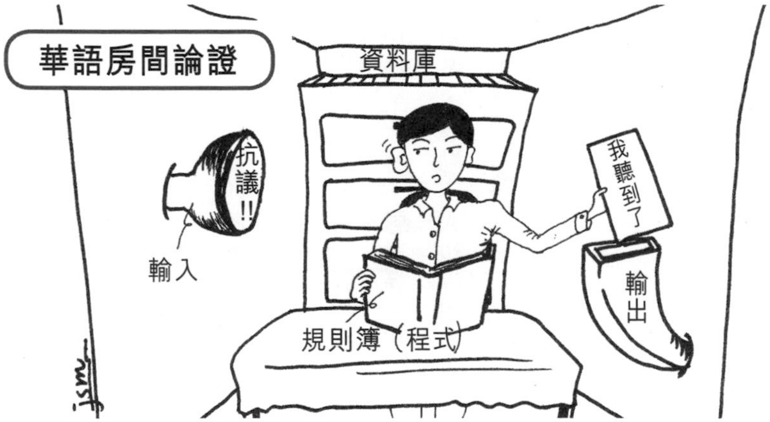

跑電腦程式只是「盲目地」依據「操作手冊」，機械式地執行一串指令而已。這個情況和華語房間內的瑟勒一模一樣，瑟勒也是「盲目地」依據「操作手冊」，傳出恰當的華語語句。現在把「華語房間」換成一部電腦，把房間內的瑟勒換成電腦程式；同樣地，觀察電腦運作的人也覺得電腦每次都適當地與測試人「交談」。但是如果我們否認華語房間內的瑟勒能真正瞭解華語，我們也必須否認電腦能真正瞭解華語。畢竟兩者都只是形式的符號處理而已。

簡單來說，瑟勒想要論證的是：電腦（加上程式）所能做的只是符號操作，而符號操作本身只是形式的或語法的，不足以產生認知、知覺、瞭解、思考等，因為後者必然牽涉到具有語意的心理內容。討論瑟勒的文章相當多，瑟勒本人也提出很多辯駁。這裡不打算做文獻整理與批評，而只討論與本文題旨相關的問題。

電腦的侷限：科技再進步都無法突破？

媒體常常渲染或誇大人工智慧的能耐，讓人覺得如果人工智慧今天做不到，只是技術上的問題。假以時日，科技更進步，這些技術上的障礙將被移除。最近歐盟國會的法制委員會提出一個草案，要求「雇用」機器人的企業要繳交機器人的社會安全稅。草案認為機器人已經夠聰明，算是「電子人」，具備有和自然人一樣的人格，因此所有具有智慧的機器人都要向政府註冊，並且繳交社會安全稅。這些夠聰明的機器人也有特定的權利和責任。

這個草案應該不容易通過，不過因為暗示機器人具備和人一樣的人格，一般大眾很容易被誤導，相信人工智慧遲早會像人一樣具有人格。草案的重點其實不在於機器人有人權，而是擔心企業大量使用機器人會引起嚴重的失業危機，因此要求企業為機器人繳社會安全稅，用來預防失業潮。

機器人是否有一天可以和人一樣，具有意識與人格？這不能用常識去推論，而要從理論面去思考這個問題。在科學上，理論上的極限就是世界的極限；當然理論也會錯，世界的極限就是要隨著理論的演變而變動。涂林算機假定運算速度與記憶體無限制，就是為了排除技術上的限制。機器人有沒有智慧，做為技術性的問題，由工程師去回答即可；做為理論上的問題，則需要從科學和哲學的角度來思考。

停機問題（The Halting Problem）

涂林發明了涂林算機，同時也在一九三六年證明不存在任何一個通用涂林算機，可以判定任何涂林算機到底會不會停。算機會停是什麼意思？所謂涂林算機就是一個程式，例如加法算機，當輸入兩個數值給這個程式，這個程式跑一段時間後會停下來，輸出結果。如果算機不會停，表示這個程式無法算出結果。大家使用電腦都碰過頁面打不開的時候，不是當機而是跑不停，機器一直跑卻沒有結果，表示程式陷入一個無限迴圈。

程式設計師設計出一套程式後，需要進行測試，測試愈周延愈好，程式測試員想盡一切的可能性，驗證這個程式是否在所有的情況下都可以順利跑出結果。然而測試再完美，仍只是歸納測試，不能保證意外狀況不會發生，讓程式陷入無限迴圈。如果設計出一個通用涂林算機，可以用來檢查一個程式是否會停，就解決了這個惱人的問題。可是涂林告訴我們：抱歉，沒有這樣的算機。

涂林如何證明？觀念很簡單。假設有這樣的涂林算機存在，涂林算機數量無限多，因此所有的涂林算機構成一個無限大的集合。雖然數量無限大，卻是可數的無限大，也就是說，可以用自然數來數所有的涂林算機——有沒有不可數的無限大？當然有，實數的總數量就是不可數的無限大，無法用自然數數完所有的實數。

涂林算機總數既然是可數的，可以把它們排列成一排，每個算機給一個號碼。前面假設存在通用涂林算機可以解決停機問題，既然它是涂林算機，當然也會有一個號碼，假定這個號碼是「n」。這樣一來等於假設第n個涂林算機可以判定所有的算機會不會停。問題來了，它可不可以判定自己會不會停？如果它判定自己不會停，則它必須停下來輸出不會停的答案。這就產生矛盾：通用涂林算機得停機表示自己不會停機！因此這樣的通用涂林算機不存在。這個證明說明涂林算機不是什麼都能做，換句話說，電腦再厲害也解決不了停機問題，不是什麼問題都能解決。或者可以說，不是所有的問題都可以寫程式解決，有些問題不存在可計算解。

葛代爾不完備定理（Gödel's Incompleteness Theorem）

葛代爾於一九三一年發表兩個不完備定理，成為數理邏輯領域的重大發現，在科學、計算機科學、心靈哲學與認知科學各領域都產生巨大影響。葛代爾是愛因斯坦在普林斯頓高等研究院的同事，兩人結為至交。許多人認為葛代爾的不完備定理與愛因斯坦相對論同為二十世紀前葉最重要的科學發現。

歐幾里德幾何系統是公理系統，包含五個公理，這是高中生都知道的觀念。從這五個公理，其他定理都可以被證明出來，像這樣的公理系統稱為形式系統。所有可以計算的函數都可以形式化，亦即所有涂林算機可以計算的函數，形成一個公理系統。葛代爾的一般遞迴函數就是這樣的公理化形式系統。前文提過，涂林算機只能處理邏輯與算術。

葛代爾在一九三一年提出的不完備定理，大意是說：如果任何一致的形式系統能處理算術，則一定存在一個這個形式系統無法證明的真語句。比算術弱的形式系統是可能完備的，例如命題邏輯系統。也就是說，一個完備的系統內，任何真的語句都可以被證明，不會漏掉任何一個。當一個形式系統不完備時，表示這個系統的證明能力有侷限性，有些真的語句無法被證明。

哲學家魯卡斯（J. R. Lucas）在一九五九年出版了一篇學術論文〈心靈、算機與葛代爾〉，認為數學家的部分能力是電腦無法企及的。葛代爾在證明不完備定理時，實際上構造出一個語句，證明的確存在不能證明的真語句；魯卡斯認為數學家知道這個語句為真，電腦卻辦不到，因此葛代爾不完備定理意味著電腦永遠趕不上人類。

做為一套人類自我瞭解的理論，心理學的嚴謹性如果可以媲美物理學、甚至數學，則當然也可以被公理化。葛代爾不完備定理自然可以套用在心理學上，推出心理學不完備的結果來。這是否意味著人類的自我瞭解註定不完備？人類是否永遠無法完全瞭解心靈？魯卡斯認為葛代爾不完備定理只證明了電腦的侷限性，並未排除人類自我瞭解的可能性。數學家可以看出葛代爾句為真，電腦卻無能為力。這意味著人工智慧再進步，總是差一點點，有些事情電腦就是辦不到。葛代爾不完備定理告訴我們說，有些事人類可以做到，電腦卻不行，這是否證明了電腦模型不足以解釋人類認知能力的運作原理？

華人哲學家王浩與葛代爾私交甚篤，瞭解甚深。在葛代爾過世後，王浩出版了《反思葛代爾》一書，描述葛代爾晚年轉向現象學的心路歷程。根據王浩所述，葛代爾似乎有從理性論與柏拉圖主義轉向神祕主義的傾向。

一九八六年，我從印第安那大學到紐約市立大學拜訪哲學家弗德（Jerry Fodor），隨後在紐約住了一年，從學於弗德。當年臺灣詩人楊澤在普林斯頓大學念博士學位，我們曾是臺大哲學系的同班同學。有一天楊澤問我要不要去看王浩，我們就去了王浩在曼哈頓北邊的家。王浩是保釣運動十大領袖之一，卻因此得罪了國民黨。另一位保釣健將芝加哥大學物理系博士生林孝信，也因此被註銷護照，成為非法居留。不過王浩私下告訴我，他對政治並沒有那麼熱衷，參與保釣純屬意外。我一向認為二十世紀最重要的華人分析哲學家非王浩莫屬。他在邏輯、人工智慧與哲學方面，在西方哲學界占有一席之地。早在一九五九年，王浩就寫了一個程式，可以在九分鐘內證完羅素與懷海德（Alfred North Whitehead）的鉅著《數學原理》中的數百個定理，一九八三年榮獲首位自動理論證明里程碑獎，由國際人工智慧聯合學術會議頒贈，被國際學界公認為人工智慧研究的先驅者之一。得罪國民黨，王浩因此選不上中央研究院院士，這該是中央研究院之遺憾。

我認識王浩時，他已經和葛代爾成為至交。葛代爾將許多未出版的哲學手稿給王浩參考。相信王浩受到葛代爾影響很大。兩位大師級學者在數理邏輯方面都有貢獻，到了晚年卻雙雙走向歐陸哲學和神祕主義。王浩表示葛代爾為精神疾病所苦，常懷疑食物被下毒，後來死於嚴重營養不良，死時體重只有三十公斤。

心靈是程式嗎？

自從涂林算機理論開啟了二十世紀的電腦時代以來，將腦視為硬體、心靈視為軟體，成為學界的主流思想，一般社會大眾也深受影響。心靈就好比在腦中運作的程式，人工智慧研究也就應運而生。要瞭解人類的認知，就寫個程式在電腦上跑跑看，如果電腦成功模擬人的認知，就意味這個成功的程式說明了人類認知如何運作，例如寫個程式與棋王對弈，如果電腦打敗棋王，似乎就證明這個程式代表人類下棋的認知過程。不只是認知能力可以用程式模擬，感覺、情緒、意識與自我等，也都不外是程式而已。二十世紀的主流思想在進入二十一世紀後遭到強烈質疑。

葛代爾不完備定理證明提到，任何形式系統都存在一個不能被這個系統證明的真語句，而數學家卻有「洞見」，可以知道這個語句為真。人工智慧學者也許會回答：人工智慧程式的特色就是不做窮盡搜尋，所謂「洞見」，可以用大拇指法則或經驗法則的方式植入程式。然而這樣的回答並沒有解決葛代爾的挑戰。事實上，包括「洞見」在內的任何事物，只要可以植入程式，就等於可以形式化，也就受到葛代爾不完備定理限制，因為任何形式化的規則（程式）集合都註定不完備，換句話說，可形式化或寫成程式的心靈和自然人的心靈勢必有差距，自然人的「洞見」是無法植入程式的。AlphoGo圍棋下得再好，它與棋王下棋的方式依舊有重大差異，不是棋下得好，這個程式就可被視為人類心靈運作的方式。

停機問題帶給人工智慧的困難比較直接。如果列舉所有的涂林算機，並證明不存在一個涂林算機可以決定所有的涂林算機的停機問題，這表示什麼？很難證明人類有「洞見」可以解決停機問題，而涂林算機不能；事實上程式設計師常常難以判斷一個程式到底是陷入無限迴圈，或只需要再多一點時間就可以停機，這也是停機問題的實用面。如果可以寫個程式來解決停機問題，程式設計師就可以免除停機與否的困擾。停機問題的理論面，至少證明有些程序不能被計算、無法寫成程式；換句話說，不存在可以解決停機問題的涂林算機，可見所有程式的集合不等於心靈。想用人工智慧來建立心理學理論不是毫無用處，但理論上，人工智慧不能宣稱可以完全瞭解人類心靈的性質與運作原理。

反對電腦（人工智慧）有思考能力及意識經驗，最常見的理由是宗教。有人說上帝只將不朽的靈魂給了人類，動物和機器因為沒有靈魂，所以不會思考，也不會有感覺。笛卡兒就認為動物只是自然機器，沒有靈魂。當代哲學家戴維森認為動物沒有語言能力，無法產生信念，因此沒有思考能力。這樣的理由看在涂林眼中不值一駁。如果人類的心理能力只不過是程式，為什麼不能創造出具有思考能力的人工智慧？

哲學家萊布尼茲（Gottfried W. Leibniz）主張人的思想本質上都是計算，從他的名言「若有爭議，就來計算」可見一斑。為了計算思想，他發明了微積分，也實際設計計算機——這部計算機現在被收藏在漢諾威博物館。儘管後來十九世紀時，電子學尚未獲得發展，巴貝奇（Charles Babbage）仍創造了分析引擎（analytic engine）。有別於萊布尼茲的計算機，巴貝奇的分析引擎是機械式的計算機，可以程式化，對現代電腦的發展影響甚深。

研究巴貝奇分析引擎的重要人物，是同時代的數學家兼作家洛夫萊斯女士（Ada Lovelace），富傳奇性的她是英國詩人拜倫唯一的合法子女，兩人可謂可程式化計算機的創始者，也就是現代電腦的源頭。洛夫萊斯認為分析引擎無法自己原創性地產生思想，需要靠程式設計師寫的程式來下指令，因此程式化的電腦不具有人類智慧；哲學家瑟勒亦曾批評「電腦沒有原創性思想」，兩人的看法不謀而合。

模仿人腦的人工智慧

電腦和人腦差異很大，電腦是純電子系統，有人稱之為「乾的機器」；人腦除了電脈衝之外還有化學作用，是溼的機器，所以是電化系統。在人腦中，神經細胞內的訊息傳遞是靠電脈衝，而細胞與細胞之間則靠化學作用。從上世紀五〇年代起，便有些學者不認同涂林算機的原理可以發展出與人類相似的人工智慧，這個學派稱為神經網路學派，或叫作聯結論（connectionism），也有人稱之為平行分散處理模型（Parallel Distributed Processing Model, PDP）。神經網路學派試圖去模仿人腦的組織和運作方式，設計相對簡單的神經網路來模擬人類的認知行為。類神經網路的最大賣點，就在於網路設計及訊息傳送方式方面都盡量接近大腦運作的方式。

類神經網路和傳統人工智慧（涂林算機）有何不同？傳統人工智慧用電腦程式解釋心靈，或者更簡單地說，心靈就是在大腦內跑的程式。程式可以在不同硬體上運作，並不侷限在人腦，也可在數據電腦上。因此大腦的組織結構及生理性質都不重要，因為用矽晶片做的電腦一樣可以跑心靈程式。人工智慧研究通常不會想瞭解人腦的結構和運作方式；相反地，類神經網路學派認為大腦是解開心靈奧祕之鑰匙。

大腦太複雜，我們知道的仍有限，但是可以設計人工神經網路，模擬大腦的心智作用。從五〇年代起，人工智慧學者猛批類神經網路的研究，認為這是死路一條。不過，人工智慧拙於處理圖像辨識這類的問題，也沒有真正的學習能力，而這兩項正是類神經網路的強項。到了八〇年代，類神經網路逐漸占上風。進入九〇年代之後，腦科學受到廣泛重視，類神經網路與腦科學整合，人工智慧研究也納入類神經網路和腦科學的研究成果，例如 Google 的 AlphaGo，之所以那麼強，主要是因為採用了類神經網路的深層學習算程。

類神經網路從四〇年代起就一直有人研究，後來受到人工智慧的影響，要到八〇年代以後才廣受重視。事實上，在五〇年代類神經網路與人工智慧可謂分庭抗禮。在一九六九年，敏斯基（Marvin Minsky）和派伯特（Seymour Papert）出版了《知覺器》（*Perceptrons*）證明兩層神經網路雖然具有學習能力，卻不能模擬某些重要功能；他們還推測，三層網路雖然可以解決兩層網路的問題，卻不具學習能力。三層網路不具學習能力的說法其實只是臆測，卻對類神經網路的研究造成打擊，人工智慧因此得到大部分的研究經費。一直到八〇年代，三層網路的學習算程陸續被發現，加上人工智慧開始遇到瓶頸，終於在八〇年代後期發生了一場大論戰，類神經網路取得勝利，從此再度和人工智慧分庭抗禮。

類神經網路的深層學習算程因為AlphaGo聲名大噪，事實上這只是應用八〇年代所發現的三層網路學習算程而已。下圖是一個多層神經網路的示意圖。

這是一個五層網路，包含輸入、輸出層，之外還有三個隱藏層。圖中每一個節點可以代表一個神經細胞，或是一組神經細胞。腦皮質層由六層神經細胞構成。如果要更忠實於腦科學，我們可以設計為六層網路。隔層神經元之間可以完全連結，也可部分連結，圖中是完全連結。

這些連結用以類比神經細胞之間的突觸連結。連結有強弱之別，用零到一之間的實數來表達，兩層之間的連結強度可以用一個

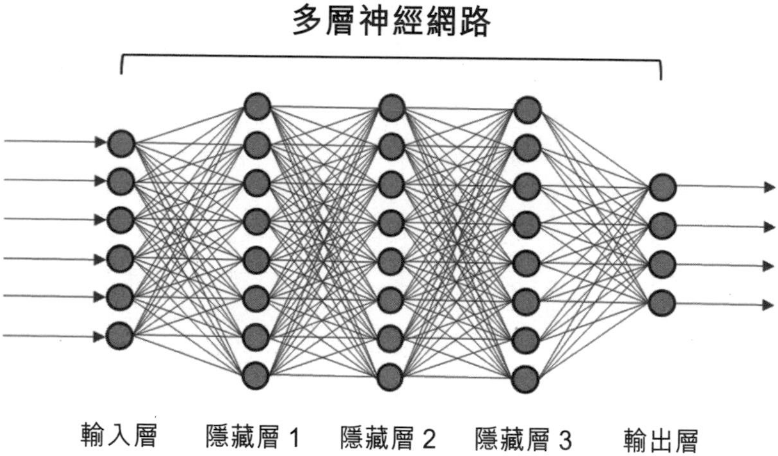

矩陣來表達。當輸入層的向量值往隱藏層1傳送的時候，會通過這個矩陣，也就是連結強度，得到的向量值儲存在隱藏層1。同理類推，最後在輸出層得到一個向量值。此時，該向量值與目標值相減，會得到一個誤差向量值，如果二者一樣則沒有誤差。再下來學習算程就要發揮作用了；深層學習多採用錯誤後傳學習算程，接著將誤差向量值反向傳送，一直傳到輸入層為止。學習算程的作用在於決定如何調整原先的連結強度。同樣的程序再走一遍，直到誤差值等於零，學習就告完成。以上圖為例，學習過程要調整五層神經元之間的四個連結強度（矩陣）值，深層學習因此得名。

簡單來說，神經細胞之間由突觸連結，連結有強弱之分。神經細胞之間的連結模式構成記憶或感覺、知覺和肢體運動功能。學習就是改變神經連結的強度，有的須增強、有的則減弱，甚至砍掉連結。類神經網路在哪方面勝出？就是學習能力。理論上類神經網路電腦不需要程式，可是如果參加深層學習研習營，仍然要做程式設計，因為目前還沒有真正的類神經網路電腦，所以只能在數據電腦，也就是涂林算機上模擬類神經網路電腦，使用模擬程式來執行類神經網路的計算。如果類神經網路還需寫程式，那麼本質上還是涂林算機。

類神經網路的理論排斥涂林算機的計算原理，在計算機學界通常稱為神經網路或聯結論，在認知科學和心理學界常稱之為大量平行分散處理模型。類神經網路實驗的做法是依實驗目的，先決定網路結構——分層或不分層？分幾層？連結方式？起始連結值？再從已發現的學習算程選擇適當的學習算程，例如錯誤後傳算程。

另一個有名的學習算程是海伯法則（Hebbian Learning Rule）。配合一組大量的訓練資料及測試資料，數據化後以向量（一串零與一之間的實數值）來表達。例如構造一個偵測水雷的三層網路，需要海中各種物質的大量資料，包括魚、岩石、水草等，這些資料必須在水中以聲納取得，數據化以向量表達，再以相同做法收集一組測試資料。都準備好後便可開始讓網路學習，用錯誤後傳算程來調整連結值，直到輸入水雷向量時，網路會輸出警告，其餘則予以忽略，連結值不再更動。最後用測試組資料來檢驗，就算完成實驗。

如果有真正的類神經網路電腦，按照前面所示的程序來做即可，整個運算過程只依賴類神經網路電腦的物理性質，不需要額外的軟體，這種計算叫作類比計算（analog computation），有別於涂林算機的數據計算（digital computation）。其次，人腦的神經細胞有一千億個左右，每個都是運算單元，而且同時平行運算。運算單元和記憶體不分，記憶在神經連結矩陣中，但不像數據電腦的RAM或硬碟只是靜態的資料，記憶做為神經連結矩陣，本身也有動態的運算功能。更重要的是，因為學習算程要決定每條連結對產生的錯誤值負多少責任，以便調整連結值，採取的做法是針對神經元的激發函數做微分，因此激發函數必須是連續函數，連結值需要用到實數。

二〇一五年加州大學聖地牙哥分校的物理學家狄面措（Massimiliano Di Ventra）做出了非常簡單的神經網路電腦，運算器（Memprocessor）同時也是記憶體，稱之為「記憶算機」（Memcomputer）。它的運算器與記憶體不分，神經元同時處理運算和儲存資料。狄面措宣稱可以解決在傳統電腦上無法解決的「旅行銷售員問題」和「子集合加總」（subset sum problem）。在計算複雜度理論中，這兩個問題被稱為非決定性多項式完備（NP-Complete）問題。解決這類問題所需時間多到不可思議。雖然從來沒有人證明這類問題像停機問題一樣不可解，但是在有意義的時間內（多項式時間）的解尚未被發現。

旅行銷售員問題是：假設銷售員要拜訪n個城市，每個城市只能去一次，最後回到起始城市，求最短路徑的走法。這個問題看來不起眼，計算後才知道其棘手處。傳統演算法會求所有可能路徑的里程數，加以比較求最短距離的路徑。如果只有三個城市，只有一種走法。如果有十個城市，可能的路徑就有十八萬之多，不過還在電腦輕鬆處理的範圍內。當城市增加到二十五個時，路徑總數變成24!／2，讓目前最快的電腦計算可能要費時數十年。這對人類而言形同無解。「子集合加總問題」也是一樣：如果有一千萬個數字要處理，每個數字都要和其他一千萬個數字加加看，要做的加法總次數是十萬億，這可能也要費時數十年。狄面措宣稱用記憶算機（類神經網路電腦）來計算，可能只要費時數秒到數分鐘。在傳統電腦上沒有多項式時間解的，在記憶算機上可以輕易解決。

數據電腦需要程式，運算單元和記憶二分，不能做類比計算，大量平行運算幾乎不可能，也不能處理實數，更沒有學習能力。類神經網路電腦的確勝出，未來的關鍵挑戰是建造真正的類神經網路電腦。AlphaGo是混種人工智慧，深層學習部分使用神經網路，其餘還是傳統人工智慧，而且它本身依舊是程式，本質上是涂林算機，仍有傳統人工智慧的侷限性。可以下結論：用傳統人工智慧原理創造的機器人不可能有心靈與意識。

第六章

『從腦到心靈：意識怎麼產生的？』

每天早晨醒來，落地窗灑進滿滿的陽光，小鳥在窗臺上跳躍唱歌，前夜設定好的咖啡機煮好咖啡，香味從廚房飄來，開啟了新的一天。從睡眠中恢復意識，經驗到上面描述的種種，各種感覺知覺充滿心靈。意識經驗對所有人來說，都是再熟悉、再親近不過的感覺了。做為一個物體，如何產生這些多采多姿的生活經驗？我們會痛、會癢，看見周遭的景物、聞到香味、聽到音響播放貝多芬快樂頌、吃著美味早餐、想念情人、回憶過去，或是想起昨日解決的數學難題，因而感到憤怒、生氣、愉悅、失望……。這些不可思議的生命經驗，都從大腦產生。腦由上千億的神經細胞組成，這麼多的神經元以複雜的結構組合在一起，產生快速的電化作用，心靈、意識就在那裡發生了。

意識經驗果真是由腦的作用產生的嗎？有些人認為是；有些人卻認為腦不可能產生心靈，心靈獨立存在於腦之外。不管最終答案是什麼，這章要帶讀者看看腦科學如何看待這個問題。

想像一下：一個人失去意識、失去感覺這個世界的能力、失去行為與語言溝通的能力，還擁有什麼？有人因為腦傷、藥物中毒或其他因素，變成植物人。植物人通常有睡眠週期，眼睛能閉闔，但不確定是否缺乏意識。醫師如何判斷病人為植物人？當然醫學上有一套標準程序讓醫生使用，不過根據比利時神經內科學家洛瑞斯（Steven Laureys）的調查，被判定為植物人的病人之中，有高達百分之四十一的人事實上仍有些微意識，更有少數植物人和閉鎖症候群（lock-in syndrome）類似。閉鎖症候群病人擁有完整意識，只是完全無法表達。有些病人在全身麻醉後仍然保有意識，但無法以身體行為和語言表達，因此恐怖的事就發生了。外科醫師一刀一刀劃在病人身體，病人痛不欲生卻完全無法告知任何人，無法請醫生停止動刀。這少數意識清楚的「植物人」就和閉鎖症候群病人一樣，被鎖在自己的世界中，哭天天不應，叫地地不靈。事實上連哭叫的能力都沒有。

美國全國公共廣播電臺報導過一個在南非被判定為植物人的十二歲小男孩，十二年之後醒過來的故事。這個叫馬丁的男子醒過來後告訴大家，其實過去十年他是完全清醒的，他有完整的感覺知覺，聽得到旁邊的人的對話，有各種情緒，可是卻和植物人一樣，完全無法表達。馬丁回憶：最初兩年他的確和植物人一樣完全失去意識經驗，雖然和正常人一樣，會睡覺也會醒來，但兩年後，他的感覺知覺都回來了，和正常人沒兩樣，只是無法表達。馬丁的情況和閉鎖症候群病人類似。馬丁說：「我無法思考任何事情，我只是存在在那裡。那是十分陰暗之處，我覺得就會這樣消失於世界。我的心靈被圈限在無用的身體中，我的手腳非我能控制，我的喉舌被消音了。我無法用記號或聲音讓別人知道我的意識已經恢復。我成了看不見的人，一個幽靈男孩。」想像一個人躺在床上十年，眼睜睜看著家人、友人來來去去，聽到家人對話、音樂或貓狗叫聲，聞到香味，就是無法告訴大家說我在這裡，我是清醒的，我有感覺知覺，我的心情糟透了，我是被遺棄在世界角落的「植物人」，孤單度過漫長的十年。這簡直比死去還要悲慘。

有些被宣告為「植物人」或「腦死」的病人，後來恢復正常後，告訴家人及照護者，在「植物人」或「腦死」這段時間，他們其實完全有意識，如常人一樣有感覺知覺，知道自己正經歷的一切，可是無法告訴他人這個事實。這種案例不是偶發一、二件而已，其實很多。二〇〇八年有位叫柴克（Zack Dunlap）的病人，被宣告為腦死。事實上他有正常意識，聽得到醫生和家人討論器官捐贈事宜。就在被推進手術房時，陪伴在旁的姪女覺得柴克的表情看起來不像腦死的植物人，於是用小刀片劃了一下柴克的腳底，柴克的腳底略為抽回。護士認為這只是反射動作，但姪女不信，再用她的指甲戳柴克的指甲下方，結果柴克抽回手臂，幅度跨過他的身體。這時護士終於相信柴克有意識，當然器官捐贈也就取消了。後來柴克奇蹟式恢復正常。

比利時醫師洛瑞斯有一位病人羅姆（Rom Houben），被當作植物人長達二十年。洛瑞斯認為在過去二十年，羅姆可能有意識，只是無法表達。洛瑞斯在二〇〇六年公布的這個診斷受到全球性矚目，媒體大幅報導。洛瑞斯發布了一段影片，片中羅姆可以用手指在觸控面板上打字。下面文字就是他打的：

> Powerlessness. Utter powerlessness. At first I was angry, then I learned to live with it.

不過有些人懷疑這段影片足以證明羅姆有意識，因為當他打字時，他的眼睛看起來是閉著的。洛瑞斯對外界的懷疑非常不快。他指出除了打字表達思想外，他也用正電子發射電腦斷層掃描（PET）檢查過羅姆，發現他的腦功能幾乎正常。如果洛瑞斯的診斷正確，羅姆無法正常表達，就像閉鎖症候群病人一樣，被孤單地鎖在自己一個人的幽暗世界，哭訴無門長達二十年，而且還要繼續下去。

洛瑞斯的診斷之所以受到懷疑，除了羅姆因為還沒恢復正常、與其他案例不同之外，我們至今尚未確定腦的哪個部位是意識發生之處。如果知道腦的哪一部分負責意識，或者知道什麼樣的腦作用會產生意識，就可以精確診斷。洛瑞斯和他的團隊做了一個實驗，用核磁共振造影（MRI）來掃描植物人和正常人。洛瑞斯要受試者想像自己正做某件事，例如從客廳走到臥室，也請植物人做一樣的事。結果植物人與正常人的腦部活動很相似，特定的腦區都顯得特別活躍。這令人困惑的結果也顯示植物人的診斷多麼困難。如果能找到意識的神經關聯，誤判為植物人的病例應該會少很多。

意識的神經關聯（Neural Correlates of Consciousness）

目前的腦科學研究還無法確認哪個腦區因果上產生意識，只能尋找與意識有關聯的腦區。有關聯不必然有因果關係。看著周遭景物時，某個腦區會特別活躍，但這不表示這個腦區的活化因果上產生了視覺意識，只能說這個腦區與視覺意識有關聯性。因此找到意識的神經關聯不表示得到一個科學解釋，充其量只能說這個神經關聯是意識產生的必要條件。最終目的是希望找到意識產生的充分條件，也就是說只要這些腦區活化到一定程序，一定會產生意識。

八〇年代起，兩位諾貝爾生醫獎得主艾德蒙和克里克都投入意識研究。艾德蒙認為嬰兒生下來大約有一百億個神經細胞，密密麻麻地相互連結，平均一個細胞連結到其他一千個細胞，構成連結總量達一百萬億。成長過程中，嬰兒不斷與外界互動，並刪除不必要的連結，以形成許多神經細胞群。許多細胞因為用不到，在成長過程中亦無法生存下來。腦神經細胞數量在三到四歲時達到高峰，包含密密麻麻的細胞連結在內，接下來也隨著成長與經驗而刪減。這就是艾德蒙有名的神經選擇理論，又稱之為神經達爾文主義，以用進廢退的原理，逐漸發展出許許多多神經群組，構成腦的圖譜（maps）。訊息在神經群組之間來來回回傳送，艾德蒙稱之為再進入迴圈（reentry loop）。換句話說，神經達爾文主義不僅刪除沒必要的細胞之間的連結，也刪除細胞群組之間的連結。

八〇年代最流行的看法是人工智慧的想法。人工智慧的基本假設認為，心靈與意識就是在大腦上跑的「軟體」，而且這樣的軟體可以用程式來實現。程式可以在不同硬體上運作，包括大腦、電腦或其他材質所構成的計算機。所以程式和硬體的物理性質或生物性質無關。因為有這樣的假定，人工智慧研究不會在意到底系統是生物系統或矽晶片和電路板構成。而艾德蒙不僅反對意識是非物質實體的想法，也不同意人工智慧的看法。他認為意識是生物現象，而不是像在電腦上跑的軟體，要瞭解心靈與意識得從生物學的角度來研究。

在神經達爾文主義或神經群組選擇的理論基礎上，艾德蒙和他的學生托諾尼（Giulio Tononi）發展出意識的動態核心假說（Dynamic Core Hypothesis），主張意識是由丘腦及皮質層再進入迴圈（the thalamo-cortical reentry loop）所產生。丘腦可以說是一個訊息轉播站，介於皮質層與中腦之間。中腦位在腦幹的最上方，負責轉傳視覺、聽覺和運動系統。丘腦除了接收中腦傳來的視覺、聽覺與身體訊息外，也接收內臟和味覺訊息。丘腦再將這些訊息轉播到不同的大腦皮質區，例如聽覺區、視覺區和身體感覺區。唯一不經過丘腦轉播的是嗅覺。嗅覺神經細胞接受氣味分子刺激，傳到嗅覺神經球，再傳到大腦皮質層，不經過丘腦。演化上為什麼不經過丘腦是有趣的問題。丘腦做為各種感覺系統的轉播站，它與大腦皮質層所形成的再進入迴圈與感覺知覺意識經驗的產生，顯然有某種關聯。艾德蒙的動態核心假說有相當的神經關聯證據。

另一位諾貝爾獎得主克里克和科赫則認為，一群神經細胞在三十五到七十五赫茲產生同步活動時，就是意識經驗的神經關聯。視覺皮質區有一個區位，專門負責人臉辨識，當這個區位受損，病人會失去臉部辨識能力。但是大部分的腦區都沒有這麼明確的特殊功能。在空間上找答案似乎不容易，科學家就轉向時間面向求解。有沒有可能分布在不同區位的神經細胞會同步激發呢？以視覺為例，形狀、角度、顏色、運動等功能分別由位處不同腦區的許多神經細胞負責。看見一顆蘋果時，會看到圓形、紅色、表皮亮亮的臘，甚至被蟲吃出一個小洞，我們不會分別看到這些視覺內容，而是看到一顆蘋果，但形狀、顏色、表面材質等資訊分別由不同的視覺區處理。大腦如何把這些分別處理的視覺內容「綑綁」（bind）在一起，形成整體的蘋果視覺？這些不同腦區的激發不會有時間差嗎？如果腦中有一小區叫蘋果區，只要這區激發了，就產生蘋果的視覺，這樣就不存在綑綁的問題了。然而從來沒有人找到蘋果區。

克里克和科赫發現當腦產生蘋果視覺時，散布在不同位置的許多神經細胞會以大約每秒激發三十到七十次的頻率同步激發，簡稱為四十赫茲振頻（40-Hz oscillation）。只有發生在這個又稱為伽瑪（gamma）頻率範圍的同步激發，才會產生視覺經驗，頻率太高或太低都不會進入意識範圍。所以當兩個神經細胞以伽瑪震動頻率同步化，這兩個神經細胞一定參與了意識經驗。如果同步化發生在伽瑪頻率之外，那麼這兩個神經細胞仍可能參與了相同的表徵，只是不會進入意識範圍。克里克與科赫依據這些證據，主張神經細胞在四十赫茲的振動頻率下發生的激發同步化，是產生意識的充分條件。

克里克和科赫的四十赫茲振頻同步化假說，是意識研究領域最早提出且可經驗證的理論之一。雖然許多證據支持這個假設，但後續的研究也陸續發現，有時在伽瑪振動範圍的同步化發生了，卻沒有產生意識經驗；有時意識經驗發生了，卻不見振頻同步化。因此四十赫茲振頻同步化做為充分條件的說法受到質疑。克里克和科赫也放棄了這個假說，新的說法是同步化的振頻也許只發生在早期的視覺歷程，而不是全程需要同步化。

八〇年代以數據電腦人工智慧為主流，意識研究自然也受到人工智慧的影響。巴爾斯（Bernard Baars）於一九八八年提出全面性的工作空間理論（the global workspace theory），計算學派的認知科學對這個理論有很大影響。理論主張腦中有一個工作平臺，類似於黑板，任何有意識的認知內容，例如注意力、記憶、口語報告或評估等認知處理都必須能在這個工作平臺上使用。巴爾斯稱之為全面的可使用性（global accessibility）。

對狄漢（Stanislas Dehaene）來說，知覺的歷程可以是有意識也可以是無意識的。大腦在形成視覺認知時，並非全程都有意識。知覺歷程哪部分有意識、哪部分則無？能不能提供神經層次的解釋來區別有意識和無意識？狄漢借用了巴爾斯的全腦工作平臺理論，認為在前額葉和頂葉間有特定的區位構成一個工作平臺，藉著長距離的神經連結，同步形成一個工作平臺網路，從工作平臺傳送或接受訊息到大腦各區位。例如視覺訊號從視網膜進來，如果只傳送到視覺皮質區，並不會產生視覺意識。事實上當視覺刺激進來時，兩個視覺系統——腹側路徑（the ventral pathway）和背側路徑（the dorsal pathway）——的激發相當強，卻沒有產生意識。顯然除了神經的激發強度之外，加點額外的才能產生意識，因此狄漢認為訊號一定要傳到全腦神經工作平臺，讓其他各皮質區都可以取用或影響這些訊息。

用狄漢自己的話來說：「根據這個理論，意識只是全腦的訊息分享。有意識的經驗在外界刺激消失後可以保留在心中，因為這些刺激訊息已傳送至工作平臺，產生的經驗內容可以獨立於特定時空的外來刺激而維持在腦中。如此日後可以再使用這些經驗內容。」

意識一定牽涉到注意力、記憶、口語報告等可能性，無法被認知處理的經驗刺激都是無意識的。看著一張臺北街景相片，裡面擠滿人與各類車輛、招牌、路燈等，若只觀看幾秒鐘，除了某些自閉症患者外，大多數人都會錯失部分細節，例如沒看到有人騎著單車。因為「沒注意到這輛單車」，所以沒看見，可見注意力是有意識的視覺要件之一。這個例子教科書稱之為未注意之盲（intentional blindness）。不過，因為未注意到單車，所以無法報告有人騎單車的視覺訊息，未注意加上無法口頭報告，就代表你沒「看」到嗎？哲學家布拉克（Ned Block）認為相片中的所有景物其實盡收眼底，只是因為未特別注意某物，所以說不出來。對布拉克而言，意識與注意力、口頭報告無關。

布拉克早期的論文引用史柏林（George Sperling）的實驗來支持意識經驗與注意力、記憶及口頭報告能力無關。史柏林讓受試者看一張有九個英文字母的卡片，九個字母排成上、中、下三行，每行三個字母，觀看時間五十至一百毫秒。受試者要說出看到的字母，通常只能報告出四到五個字母。根據狄漢的理論，受試者只能看到四到五個字母，其餘因為報告不出來，所以沒有看到。史柏林再用部分報告法，第一行配予高音、第二行中音、第三行低音。很快地給受試者看過卡片後，若高音響起，則要受試者報告第一行，以此類推。結果受試者成功地報告出所有的字母。這個實驗顯示，因為受試者的短期記憶只能保存二至六個字母，因此存在一種感覺記憶，在很短的時間內保存。如果受試者只能看到四到五個字母，那麼部分報告實驗的結果如何可能？布拉克因此認為受試者看到所有的字母，只是無法報告出那麼多而已。這表示我們的意識經驗不必然要能被轉播到各腦區，不必然與注意力、記憶或口頭報告有關聯。布拉克稱這種意識經驗為現象意識，而其他可以被報告、可以被認知處理的經驗為取用意識。

最近幾年來，訊息整合理論（information integration theory）蔚為風潮，主要是由艾德蒙的學生托諾尼提出。這個理論主張意識是一個系統整合訊息的能力，與艾德蒙的動態核心理論一樣，認為由丘腦與皮質層所構成的再進入迴圈，是產生意識的神經歷程在解剖學上的基石。訊息整合理論可以計算一個系統的意識「含量」。意識可以量化，是這個理論最受科學家喜愛之處。意識既然可以量化，那麼有些系統可能只有微弱意識，有些系統可能有很強的意識。

簡單來說，訊息整合理論的核心觀念有二：一

史柏林實驗

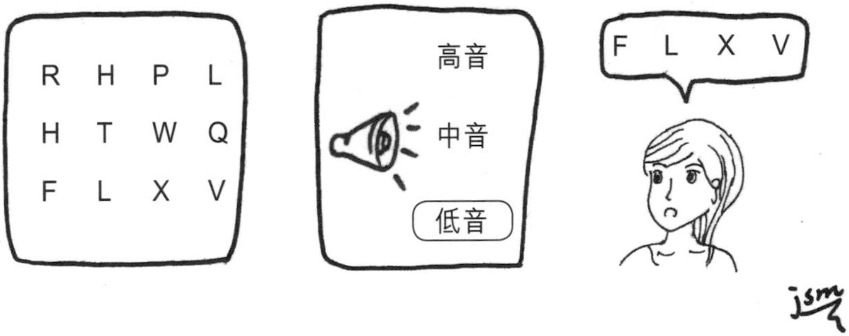

是提出計算訊息整合的量，這個量化的計算方法簡稱為Φ；二則是當一個物理系統的Φ值不為零時，這個系統就是有意識的。當然Φ值愈大、意識愈強。怎麼樣的物理系統有訊息整合能力呢？首先系統中的零件不能獨立存在，而必須有相互作用，零件的訊息要能互相交換。再者，所有訊息要能整合起來，以某種方式相互關連。

當一個系統的Φ為零時，代表構成該系統之零組件之間，沒有任何訊息交換，也因此沒有因果關連。這個系統的因果量能（cause-effect power）等於其零組件因果量能的總和。這是一個線性、可化約的系統，全部等於零組件的加總。當Φ大於零時，代表零組件之間有訊息流動，其全部不會等於零組件之加總，這個系統便是非線性、不可化約的系統。托諾尼的訊息整合理論引起廣泛討論，主要是因為這個理論提供了精確的計量意識的數學方法，如果這個理論為真，它可以用來計算植物人、腦死病人、手術麻醉（閉鎖症候群）等情況下的意識狀態，在醫療上可以避免許多誤判。其次，這個理論合乎科學理論的可否證性的要求，不像「上帝存在」這樣的命題，找不到證明它為假的方法。

根據訊息整合理論，任何東西多少都包含訊息。即使小至中子、質子這樣的次原子物質，也都攜帶定量的訊息。就算一個完全孤立的粒子，只要它具有內部結構，且零組件之間有因果互動，則它的Φ值就不會是零。如此一來，根據訊息整合理論，世界上萬物不論大小，只要滿足上面的條件，都擕有大於零的Φ值，都有意識，即使只是很微弱的意識。因此訊息整合理論蘊涵了泛靈論（panspsychism），主張萬物皆有靈，皆有意識。

看到一朵玫瑰花時，會產生許多視覺性質，例如顏色、形狀及表面材質等。但是我們不會分開看到這些視覺性質，大腦會將這些視覺訊息整合起來，形成完整的一朵玫瑰的視覺。這就是托諾尼訊息整合的意思。人做為經驗主體，會將視覺、聽覺、嗅覺等感官經驗整合在一起，從單一的主體（個人）來感受這些分殊的感覺知覺。人類的大腦因有整合訊息的能力，所以有很高的Φ值，依訊息整合理論，我們擁有相當強度的意識。Φ值的數學計算式子可以用來預測或判斷一個系統的意識強弱。托諾尼以小腦為例，小腦中的神經細胞連結比較侷限在小區位，不像大腦的神經細胞有許多全腦的連結，尤其是前額葉與其他腦區之間有相當多的訊息傳送。因此小腦的神經細胞數量雖然比大腦還多，但其訊息整合有限，因此即使小腦局部受損，仍不會影響一個人的意識。

二〇一五年學術期刊《腦》（*Brain*）報導一位在中國山東的二十四歲女性，因暈眩、噁心以及無法平穩走路而就醫，才發現這位女性完全沒有小腦。該位女性的父母並無神經內科病史。她的四肢活動能力發展緩慢，六歲才開始說話，七歲才能自己行走，不能跑也不能跳，除此之外一切正常；目前已婚並育有一女，懷孕與生產過程皆正常。一般如果小腦受損，動作會有障礙，可是這位女性僅有中度動作障礙和輕微語言不清問題，意識完全不受影響。托諾尼用Φ值大小解釋小腦和意識的關連：因為小腦處理運動訊息是局部性的，沒有和大腦其他區位的訊息相互整合，因此即使像這位中國女性完全沒有小腦，也不會影響到她的意識。

布拉克認為Φ只能用來評估一個系統的智慧，而不能評估意識之有無。依照前文提到的史柏林實驗，布拉克據以論述，意識可以分為現象意識和取用意識。訊息傳播只和取用意識有關，現象意識可能只存在很短的時間，受試者在這麼短的時間內無法報告出所有「看」到的字母，可是部分報告實驗，受試者確實「看」到了。所以我們可以製造具有超級智慧的電腦，但是直覺上這樣的電腦並不具有意識。一部二〇一五年發行但未在臺灣上映的電影《人工意識》，片中的女機器人和人類一樣，有感覺知覺、七情六欲，也會耍詐、說謊。不過這只是導演的假設而已。有智慧不等於有意識。家裡養的笨狗智慧不高，卻百分百具有意識。智慧與意識是兩回事，科學比較能解決智慧的問題，對意識則是束手無策。意識問題很可能是我們要瞭解宇宙的最後一個問題。

我們的經驗都是整體的單一經驗，訊息整合理論強調概念整合。托諾尼用照相機為例，相機的感光晶片可能有百萬計的光電二極體，可以產生影像訊息。但我們不會說相機有意識，因為相機的光電二極體之間沒有訊息整合，產生單一的整體經驗。相反地，大腦會將影像訊息整合起來，這是兩者的主要差異。

訊息整合不只給人單一的整體經驗，除此之外，托諾尼認為訊息整合也產生一個觀點（point of view）。看見各種物體，便有許多不同的經驗，更重要的是這些經驗都屬於單一主體。今天早晨從沉睡中醒來，開始了充滿各式感覺知覺經驗的一天。訊息整合讓人經驗到一切，經驗亦不會支離破碎，而具有完整意義。零散的感覺會被整合起來，產生整體性的知覺。更重要的，這麼豐富且大量的感覺經驗屬於單一個體，這些都是個人經驗。不論發生在不同的時間或空間，不變的是有一個「我」貫穿時空，擁有所有的經驗，托諾尼稱之為「觀點」。訊息整合不僅將感覺經驗綑綁在一起，而且形成一個觀點，做為諸多經驗的主體。

訊息整合理論除了解釋意識的強弱之外，如何解釋意識的質感？看到一朵玫瑰花時，視覺經驗不僅是訊息整合的量化數據而已，同時會產生玫瑰花的視覺感質。我們的大腦分成許多區位，每個區位都負責不同的功能，不同的感覺經驗由不同區位的皮質層產生。例如視覺皮質層、聽覺皮質層、味覺皮質層等。這些區位又可再細分，像視覺皮質層由腹側路徑和背側路徑構成，腹側路徑又分成V1、V2、V3、V4等區，各職司不同的視覺內容，例如V4負責色彩。這些區位不論大小都是由大量的神經細胞組成，相互連結，形成網路。這些神經網路是儲存感覺經驗內容的地方，一生所有視覺記憶的內容都儲存在視覺腹側路徑中。托諾尼認為當這些不同的大腦區位單獨激發時，不會產生意識。這些區位要以某種方式連結在一起，產生訊息互動，意識才會產生。這個大範圍的神經網路可能涵蓋艾德蒙所謂的動態核心迴路，即皮質層丘腦迴路。這個大範圍的神經網路構成超維感質空間（qualia space），任何感覺意識都是感質空間中的一個向量點。

哲學家瑟勒認為訊息不是客觀存在，而是預設了一個觀察者。「WC」代表洗手間，是因為人將之解讀成洗手間。人不存在時，「WC」這個記號不具任何意義。把這兩個字母丟到遙遠外太空某個星球，在那星球上的外星人看到這兩個字母會解讀成洗手間嗎？他們可能不用排泄，因為他們從日光取得能量，所以不會有洗手間的概念。

訊息預設了觀察者或使用者，也就是說預設了意識的存在。訊息既然預設意識，用訊息來解釋意識不就犯了循環論證的誤謬？瑟勒反對訊息整合理論的理由和他用來反對人工智慧的理由是一樣的，華語房間論證可以照搬過來反對托諾尼的主張。

意識是本體上（ontological）的主觀，獨立於任何觀察者而存在。看到一顆蘋果時，自己不就是觀察者，觀察到自己的視覺經驗嗎？這種說法等於「我看到我看到一顆蘋果」。問題是我如何看到我看到一顆蘋果？就好像戴著眼鏡看外面的景物時，看不到自己的眼鏡一樣。儘管可能看得到眼鏡的邊框，但假設這副眼鏡很大，大到看不見邊框，也感覺不到重量，透過

視覺雙系統

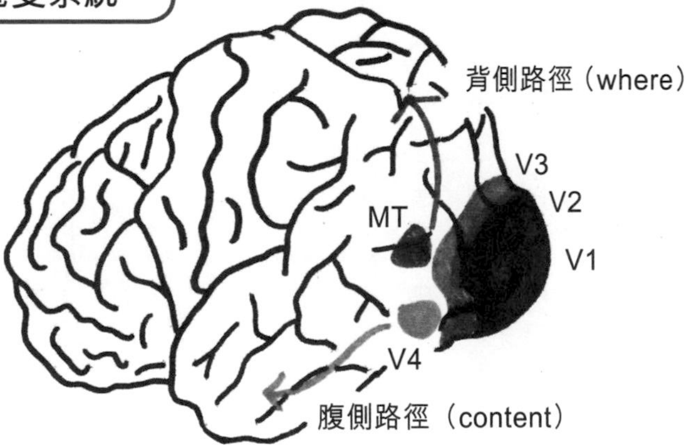

眼鏡看世界時，就不可能用這副眼鏡看到自己在看世界。無法觀察「觀察」本身，所以意識經驗不需要預設另一個觀察者存在；另一方面，意識的存在卻需要預設經驗主體存在，所以是主觀的。換句話說，主觀經驗的確客觀存在於世界中。唯物論或物理論否認主觀經驗的客觀性，瑟勒認為傳統的唯物論及二元論都犯了主客二元對立的錯誤，他認為主觀性可以客觀存在，可以是宇宙家具的一部分。

意識經驗是難解問題（The Hard Problem）

如果和涂林一樣，相信人工智慧有朝一日可以通過涂林測試，因而具備和人類一樣的智慧；甚或更進一步，相信通過涂林測試的機器人有感覺、情感、恐懼、憤怒，其實這已預設了一個說法，即意識和智慧可以在不同物理系統上實現。例如電影《人工意識》中的女主角機器人艾娃，不僅具有七情六欲，也計謀十足，讓男主角迦勒與她陷入愛情，再利用人與機器人的愛情，逃出監禁她的小島。人有大腦，機器人有晶片構成的電腦，也許外星人的腦由超乎想像的物質構成，也許星雲具有意識與思想，誰知道？

涂林的臆測假設智慧是物理系統的功能，重點在於功能、軟體，而不是硬體。不論是人腦或電腦，只要能執行一樣或類似的功能，都具有智慧。這就是哲學家普特南所說的，心靈的多重可實現性。功能指系統接收到外來刺激（訊息）時，內部記憶有什麼變化，會採取什麼動作反應，在哲學上稱為功能論。

人工智慧背後預設功能論。一個系統（如人類）的心理狀態，就是這個狀態在系統中的因果角色。例如相信上帝存在，這便是心理狀態，代表進入教堂時，會抱著虔誠的心祈禱；遇到危難時，會祈求上帝降福等。或者當被火燙到時，哀叫一聲，身體縮回。哲學家普特南於一九六〇年代提出算機狀態功能論（Machine State Functionalism），認為心靈就是涂林算機。在第五章我們解釋什麼是涂林算機，它不是指電腦硬體，而是指軟體（程式）。心靈程式可以在任何物理系統上跑，不論是大腦或電腦。普特南顯然同意涂林的主張，認為人工智慧是可能的，有朝一日機器人會和人一樣，具有意識、情感與思想。

功能論或心靈即程式論在過去四十多年來不斷受到挑戰。第五章提到瑟勒的華語房間論證，從程式只有語法、沒有語意，來推論電腦沒有真正的理解能力，只是在操作符號而已。電腦既然沒有真正的理解能力，它自然談不上具有智慧。如果機器人讓人覺得它好像有智慧，其實只是程式設計者的智慧，程式本身只是一堆沒有意義的符號而已。

除此之外，哲學家布拉克的「缺乏感質論證」（Absent Qualia Argument）也對功能論提出致命的一擊。布拉克設想某個頭內不是裝著大腦，而是與大腦神經細胞數量一樣多的小人（homunculi），每個小人都模擬一個神經細胞的功能。這個小人頭與大腦的功能組織完全一樣，換句話說，小人頭的程式和大腦的程式完全一樣。功能論者會認為小人頭和人一樣具有意識和思想。但是直覺上，一般人會覺得小人頭和大腦只是功能上等同，它不具有意識和思想。布拉克把小人頭放大為中國頭（China Head），每個中國人模擬一個神經細胞。這個由十三億中國人構成的頭有沒有心靈？直覺上會認為中國頭沒有心靈。這是不是證明了功能論有缺陷？功能等同不等於心靈等同，程式不等於心靈。

如果用矽晶片換掉大腦中的一個神經細胞，仍然有意識嗎？絕大多數人可能覺得只換掉一個神經細胞，應該不會影響意識。換到兩個呢？十分之一的腦呢？在逐漸增加矽晶片的替換量時，會不會慢慢失去意識？要換多少才會完全失去意識？這是查默斯的思想實驗。他認為如果機器人在功能上和人完全相同，卻沒有感質，那麼感質慢慢消失便是可能的。設想你的視覺皮質層逐步地被矽晶片替換掉，你的視覺經驗會不會慢慢地糊掉，到最後視覺感覺完全消失，但是視覺功能仍然完好？這似乎很難想像。

更極端的思想實驗是跳躍感質（dancing qualia）。在用矽晶片替換神經細胞的過程中，會不會換到一個比例時，意識會由有變無？換句話說，有沒有一個點，在那之前意識不受影響，但是過了那個點，意識就消失了？在那個點前後，意識會在有與無之間跳動嗎？查默斯認為這也是不可能，違反了我們的直覺。因此他認為布拉克的缺乏感質論證是失敗的。

查默斯並沒有考慮到許多預設的前提，例如潘羅斯和漢莫洛夫認為大腦是一個量子系統，量子性質依賴神經細胞壁中的微細管來支持。也許生物性的腦是量子系統，但是矽晶片構成的電腦不支持量子性質，因此電腦與人腦即使在功能上相同，電腦卻有可能沒有意識。

查默斯的思想實驗就算成立，他想證明的是兩個系統如果在組織功能上相同，如果一個有意識，另一個也一定有意識。查默斯不駁斥功能論，可是他提出一個更基本也更難解的問題：如果意識伴隨大腦特定的組織功能而發生，那麼如果電腦也具有如此的組織功能，就可以斷定電腦有意識。到這裡查默斯同意，但難以回答的部分是：

為什麼特定的組織功能會產生意識？這就是有名的難解問題（the hard problem）。

米爾納（David Milner）和古德爾（Melvyn A. Goodale）於一九九二年提出雙系統或雙串流（streams）視覺系統假說，側腹串流（the ventral stream）職司看到物體（what），背側串流（the dorsal stream）職司視覺物體的移動與空間位置（where）。看到一隻黃金獵犬時，視覺內容是由腹側串流（V1→V2→V4→IT）激發產生。腹側串流的激發不會單獨產生視覺的經驗內容，可能還要再加上其他因素，例如訊號要回傳到V1，或訊號要能傳到其他腦區等。

為了簡單化討論，假設腹側串流激發這樣的功能就足以產生視覺經驗。查默斯認為如果機器人的視覺系統在組織功能上和腹側串流相同，那麼機器人也會有視覺經驗。組織功能的不變性原理（organizational invariance principle）蘊涵哲學喪屍（philosophical zombie）的不可能。哲學喪屍指在功能上和活人完全一樣，只是沒有意識。查默斯認為功能一樣，意識經驗就一樣。喪屍電影在此被查默斯打臉了。查默斯狀似支持功能論，其實不然。布拉克用哲學喪屍的可能性來反駁功能論，查默斯則認為哲學喪屍不可能（雖然邏輯上不矛盾），但是功能論還是無法回答為什麼腹側串流激發會產生視覺經驗？

有難解問題自然就有易解問題（the easy problem）。本章所討論的意識的神經關聯理論對查默斯而言都只解決了易解問題，即組織功能的問題。下列是易解問題的一些例子：

一、對環境刺激的區辨、分類和回應的能力
二、訊息的整合
三、心理狀態的口語或動作報告
四、內心狀態的接近或取用
五、注意力
六、有意的行為控制
七、清醒／睡眠的差別

艾德蒙的動態核心假說，主張意識是由丘腦及皮質層再進入迴圈所產生。這個假說處理了一、二和四的問題；克里克和科赫的四十赫茲振盪同步化假說處理了訊息整合問題；狄漢的全腦工作平臺理論處理了二、三和四的問題；托諾尼的訊息整合理論處理了訊息整合和綑綁問題。這些理論分別提出腦的組織功能來解釋意識經驗，就查默斯的組織功能不變性原理，意識經驗的確多少和這些理論所提出的組織功能有關。但是它們都無法解釋，為什麼如此的腦結構及其功能就會產生意識？為什麼是四十赫茲振盪同步化，而不是一百赫茲會產生意識？為什麼訊息要送到全腦工作平臺才會產生意識？為什麼訊息必須整合？布拉克一直與狄漢唱反調，認為無法取用或報告的心理狀態仍然有意識。注意力與意識也沒必然關連，很多證據顯示意識不需要注意力，注意力運作時也不一定有意識。植物人有清醒／睡眠週期，卻沒有意識。這表示只談功能無法解釋意識現象。

痛有急性與慢性二種，刀割傷是急性痛，尖銳的痛；風溼痛則是慢性痛。痛覺和視覺一樣，也是雙路徑或雙串流，A-delta 神經纖維負責將受傷位置及受傷程度的訊息，傳到丘腦，再到感覺皮質層。C－神經纖維則負責位置比較模糊的慢性痛；A-delta 纖維傳輸速度快，C－纖維速度慢。查默斯認為這些痛覺的神經生理組織及其功能，都已經被科學家研究得很透徹，可是科學就是無法回答為什麼風溼痛是由 C－纖維激發產生，而不是 A-delta 纖維？為什麼某些神經串流的激發讓你覺得銳痛，某些神經串流的激發讓你覺得舒服？神經細胞的激發都是類似的電化作用，為什麼某些電化作用產生視覺，某些電化作用產生觸覺？這些是功能論無法回答的問題。

做為蝙蝠的感覺是什麼？

受傷時覺得痛，品嘗紅酒嘗到豐富的味覺，聞到花香，看到夕陽與彩霞，聆聽貝多芬的九號交響曲，炎夏的烈日晒得好熱。從早晨醒來那一刻到夜間入眠前，經歷各式各樣的感官經驗，情緒、思緒起伏。毫無疑問地，有一個自我意識清明，貫穿所有的經驗。它們都是你的經驗，你是這些經驗的唯一擁有者，只有你直接經驗這一切，其他人需要你告訴他們，才能獲知你經歷了這麼豐富的一天。但是即使你告訴了別人傷口有多痛，那個痛仍然只是你的痛，沒人能痛你的痛。

當奈格問「做為一隻蝙蝠的感覺是什麼？」他想說的就是主觀經驗的私密性。科學家可以研究如何用聲納來「看」世界，可以瞭解聲納如何提供一種「視覺」，但是因為我們沒有類似蝙蝠的聲納系統，因此無法直接經驗做為蝙蝠的視覺。要直接體驗做為蝙蝠的感覺，得變成蝙蝠。我們只能透過科學知識，客觀瞭解蝙蝠大腦的組織功能，沒有辦法直接而主觀地經驗蝙蝠的「視」覺。

不同的生物物種之間，很難互相直接體驗各自的感官經驗。我以前有一隻黃金獵犬，陪我度過十二年的歲月。牠到我家時才五個月大，牠的眼神與行為，野性十足。幾年後牠內化了許多人性，眼神與行為不再充滿野性。大概因為我是一個哲學教授，牠有時也好像在做哲學沉思。生活上與我們的默契愈來愈好。我常常忘了牠是一條狗，而當牠是家「人」。有時我不禁猜想牠活在什麼樣的世界？牠看到的世界是什麼？牠喜歡貝多芬九號，是和我們一樣對貝多芬九號充滿類似的感動嗎？我只能想像、推測和透過動物意識研究揣摩牠的感覺和思想。即使這樣努力，大概別隻狗還是比我更接近牠的意識經驗世界吧！

人無法直接經驗蝙蝠、狗或其他物種的意識世界。蝴蝶的意識世界像什麼樣子？螞蟻、蚊子、魚呢？也許牠們是無意識的生物，不會有感覺知覺。我們和自己的朋友同樣是人，處境是否比較好？奈格認為事實不然，我們永遠也無法直接經驗別人的感覺知覺經驗。沒有客觀的痛覺，所有的痛都是某人的痛。如果有客觀的痛，那表示痛可以不需要任何主體存在。痛都有主人，不可能有無主的痛。奈格的問題即使改為「做為電影導演李安的感覺是什麼？」答案一樣，必須是李安本人才能回答這個問題。這意味著每一個人的意識世界都是絕對孤獨。人與人之間可以相互瞭解，因為生物基礎相同；人也可瞭解其他動物到一個程度，因為生物基礎相似。生物基礎差異愈大，瞭解就愈有限。像蚊子或蝴蝶，連牠們有沒有意識都不太能確定。意識經驗需要一個經驗主體，每一個經驗主體構築一個專屬的意識世界。

什麼是主體性（subjectivity）？

我們常常批評他人太主觀，似乎主觀是負面的，客觀才是好的。其實所有的動物包括人，如果沒有了主觀，也就死了。只要活著，必然主觀。主觀的意思是主體觀點（subjective point of view）。每個人都是一個主體，主體一定有其獨特的觀點。例如和幾位好友相聚於古典又鄉村風格的咖啡店，陽光透過落地窗灑入，讓人放鬆。每個人都分享同一個咖啡店這個小世界，卻從各自不同的位置和角度看到室內的布置、光線和色調等。大家看到的其實都不相同，因為每個人在這個小空間裡都從各自的視覺觀點看景物。

咖啡店的例子是視覺空間的幾何觀點。在咖啡店裡，我和你各占據一個幾何空間點，然後以這個點為原點，構成一個幾何座標，在這個原點上接收光從四面八方來的訊息，產生視覺知覺。這個類比用幾何空間的座標來說明什麼是觀點，卻沒有說明主觀性。從你的幾何觀點看到Ａ，從我的幾何觀點看到Ｂ，我們有各自的幾何觀點，因此看到不同的景象。但是只要我們互換位置，我就可以取得你的幾何觀點看到Ａ，幾何觀點在這個意義下是公共的、可分享的。可是奈格的觀點是私密、不可交換、不可分享的，因此幾何觀點概念不足以說明感覺經驗的觀點概念。奈格的觀點概念是主觀的，觀點的幾何概念卻是客觀的。客觀意味著沒有特定觀點。當我們說科學知識是客觀的，意思是說不管從哪一個觀點來看，科學知識都成立，這其實就表示觀點在科學中沒有作用，科學是沒有觀點的知識活動。

奈格在一九八六年出版了《無觀點之見》，深入探討主觀與客觀、主體性與觀點等概念。痛覺是主觀的，因為痛一定是某人的痛。有一次我去看牙醫，他一時弄痛了我，我哀叫一聲，醫師問痛不痛？我回答很痛，他卻說怎麼會痛，並不認為這樣會痛。從此我不再去看那位牙醫，他不懂痛是主觀的，我覺得痛就痛，痛的主人（主體）有絕對權威。還有一次在臺北的一家百貨公司買衣服，試穿了一件，我覺得顏色太藍了。專櫃小姐說不會太藍、剛剛好啦！我立刻奪門而出，心裡想到底是我要穿還是妳要穿？我的顏色感覺妳說了算，還是我說了算？感覺經驗不能脫離經驗主體存在，而且只有經驗主體擁有感覺的品質（感質），如奈格所說，人永遠經驗不到做為蝙蝠的感覺是什麼，也永遠經驗不到做為另外一個人的感覺是什麼？感覺經驗都得自己來。就算目睹至親至愛的人正因疾病或傷口承受極大的痛苦，也只能感同身受，用同理心去想像對方的痛苦，而且不論多愛對方，仍然無法經驗相同的痛苦。承受痛苦的人只能在深淵之中獨自戰鬥、獨自承受。

科學追求客觀，排除特定觀點影響科學研究。科學期刊接受發表的論文，其所設計的實驗必須可以被其他科學家複製、檢驗。科學知識有客觀性，用奈格的書名來形容，科學追求無觀點之見。一般語文脈絡裡，「觀點」有時指見解；這裡採用奈格的用法，指相對於特定主體的觀點。

奈格認為愈追求客觀性就愈遠離主觀性。但主觀性與客觀性並非絕對二元對立，而是形成一個光譜，從完全主觀到相對主觀到絕對客觀。完全主觀排除了任何客觀性，例如感覺經驗中的感質成分是完全主觀，因此才成為查默斯的難解問題，任何科學研究都靠近不了感質。因為科學追求完全客觀，離主觀性非常遙遠。心理學和社會科學則介於中間，力求客觀但也認真對待主觀現象。德國社會學大師韋伯（Max Weber）認為要瞭解人類行為得從自身瞭解出發，再用同理心將自我瞭解投射到對象上，以期瞭解研究對象的行為意義。例如大雪天裡看見鄰居在院子砍柴，他到底在做什麼？如何瞭解他的行為意義？韋伯認為不能將鄰居當成物件，而要當成主體，然後設想是自己在砍柴，自己的行為意義是什麼？下雪的冬天，需要燒木柴取暖，鄰居想必也是如此，因此將這心理狀態投射到鄰居身上，就理解鄰居劈柴的行為。韋伯認為社會科學不追求完全客觀性，容許主觀性滲入研究方法的考量，因此韋伯主張社會科學要的是互為主觀性（intersubjectivity）。

自然科學追求完全客觀，因此離主觀性愈來愈遠。主觀事物雖然依賴主體存在，但並非不存在。自然科學通常視主觀事物不存在，將非客觀存在的事物逐出物理世界。這在哲學上稱為唯物論或物理論的形上學觀。然而物理世界就是世界全部了嗎？笛卡兒及其他二元論者會馬上跳起來，指出物質實體只是世界的一部分，世界還包括了心靈實體。實體（substance）在本書的脈絡裡是哲學用語，指可以獨立存在的東西。二元論主張除了物質獨立存在之外，心靈也是獨立存在。換句話說，心靈不靠物質而存在。

哲學家瑟勒認為意識經驗是主觀的，但並非不存在，它是本體上的主觀（ontologically subjective）。本體論是形上學問題之一，探究世界到底有什麼？到底存在什麼？

什麼東西構成世界的基本要素？西方人喜歡的隱喻是「世界的基本家具是什麼？」許多人認為意識經驗是世界的根本存在，本體上（存在上）不能化約到物質。如果科學就只探討物質，科學就會漏掉一大塊世界。奈格用不同的論證去支持相似的結論，認為主觀性存在。世界包括主觀性，不只是客觀性，從自然科學的角度來看，我怎麼會存在在這個世界？為什麼是這裡？為什麼是現在？為什麼奈格是我？為什麼我不是另外一個人？生命如此短暫，世界如此浩瀚，瞬間的存在對宇宙有何意義？這些問題都無解。自然科學對這些問題束手無策，但是這些問題又是無比重要。人不甘生如蜉蝣，總想要在意義之海中定錨，瞭解短暫一生的意義。科學不僅無法回答，甚至放棄尋找答案，因為這些問題牽涉到自我、這裡、現在等這些索引詞，科學從啟蒙運動以來就是要驅逐主觀性的事物。但如果主觀的事物是宇宙的基本家具，這些問題便無法迴避，否則科學描繪的將只是殘缺的世界。

解釋的鴻溝：意識之謎是否無解？

如果大腦是神經生理系統，為什麼大腦的神經性質會產生感覺經驗？為什麼 C－

神經纖維的激發會產生風溼痛的感覺？為什麼視覺皮質區的側腹串流的激發會產生視覺經驗？為什麼杏仁核的作用會產生恐懼感？為什麼神經元激發的四十赫茲振盪產生意識經驗？這類問題就是查默斯的難解問題。雖然痛覺與 C－神經纖維有關連，但是為什麼 C－神經纖維的激發帶給你痛的感質（feel）？痛的感質為什麼就像你感覺到的那樣？有沒有可能你我二人的痛感質完全不一樣，我的痛感質對你而言反而是舒服的感質？這叫做顛倒感質（inverted qualia）。事實上不僅顛倒感質是可能的，甚至於我可能永遠無法知道（感覺到）你的痛覺「長」什麼樣子。一九八三年，哲學家萊文（Joseph Levine）認為，自然科學永遠無法解釋痛的感覺是怎麼樣的感覺（how pain feels），對其他的感官經驗，自然科學一樣束手無策。他稱這個問題為解釋的鴻溝，科學與意識經驗中間有一道跨越不了的鴻溝。

哲學家麥金（Colin McGinn）並非主張意識是非物理的或神祕之物，他認為意識存在於這個物理世界中，只是永遠不可能瞭解意識。受到認知能力的限制，人類就好比狗不可能瞭解地球繞著太陽轉。這世界上的許多事物，包括意識，都是我們無從瞭解的。也許外太空有比人類還聰明的生物，可以瞭解意識是什麼，但是對人類而言，意識在我們的認知空間（cognitive space）之外。

研究意識有兩個方法，一個是由上而下的內省法；另一個是由下而上的神經科學方法。由上而下的內省法只用心理語言來探究意識，不論所獲致的理論多麼合理，內省法不能告訴我們意識與大腦的關係。另一方面，由下而上的神經科學研究再進步，仍無法回答難解問題：為什麼如此的神經作用會產生意識？這兩種研究方法連接不起來，中間永遠有一道鴻溝，使得意識逃脫我們的掌握。意識是自然現象，不是神祕之物，可是人類具有的理性悟性能力靠近不了意識，雖然我們都有意識經驗，都知道感覺知覺像什麼，但是無法瞭解它。

麥金的斷言多於論證，我覺得不太有說服力，從笛卡兒以來就有許多對心物二元論的批評，這段斷言頂多是為其換上新裝而已。笛卡兒沒有解決的問題是：如果心和身體獨立存在，那麼如何解釋心靈和身體之交互作用？笛卡兒認為透過松果腺的說法早已被駁倒；而麥金的主張不是二元論，他稱自己為超驗自然論（transcendental naturalism），認為宇宙是物理的，意識也是，只是不可能瞭解它是什麼，因為這已超過人類認知能力的上限。麥金只是說，用心理學內省法和神經科學的化約法，都無法靠近意識。這兩種方法學的中間地帶是人類理性悟性所不能觸及。麥金顯然反笛卡兒二元論，但是他的思維架構仍屬知識論上的二元論架構。

或許需要一場科學大革命

意識經驗的難解問題是否無解？瑟勒和奈格都認為有解，但有待未來新物理學的發展。前文說過，瑟勒認為目前物理科學無法解釋意識經驗，因為意識是主觀的，且為世界家具的一部分，目前的自然科學都是用客觀的觀察研究世界，因此碰觸不到主觀經驗。奈格也認為科學追求客觀，愈客觀就離主觀愈遠，所以客觀科學無法觸及意識經驗問題。不過這兩位哲學家都認為將來科學或許會發展出一套完全不同的新物理學，使用目前科學聞所未聞的新概念，屆時科學不是沒機會解決難解問題。

在第五章談到葛代爾不完備定理，任何包含算數且一致的形式系統都會漏掉一個真理。事實上只要是可形式化、可公理化的系統，本質上都是涂林算機。葛代爾定理等於表明再強大的涂林算機都會遺漏一個真理。這個真理想當然耳是涂林算機不能算出來的，必是不可計算的真理。物理學家潘羅斯認為，雖然涂林算機算不出這個真理，但是人類都可以看出這個真理為真。關於意識的真理也是涂林算機不可計算的真理。不只是傳統人工智慧無法解釋意識現象，類神經網路一樣無能為力。渾沌理論雖然引進隨機的因素，但仍是可計算的。物理學（包括相對論和量子力學）都是可計算的。看起來到目前為止似乎不存在一個非計算的科學理論，所以對意識仍然束手無策。潘羅斯自己認為，腦是一個量子系統，當有外來感官刺激時，會發生量子崩現（quantum collapse），這個過程是不可計算的，意識由此產生。學界多認為這個說法仍然很玄思，而且腦中的溫度太高，不太可能產生量子相干（coherence），因此不太可能發生量子崩現。

心靈與腦是同一事物的兩個面向嗎？

心與腦等同的理論起始於上世紀中葉的普列斯（U. T. Place）和費格（Herbert Feigl）。他們主張意識等於腦歷程。如果說「痛覺等於C–纖維的激發」或「閃電等於電荷的運動」，「等於」的用法是一樣的。傳統上認為，等同命題一定是必然且先驗（necessary and a priori），然而普列斯和費格卻認為「意識等同腦歷程」是偶然且後驗（contingent and a posteriori），意思是說「意識」和「腦歷程」的意義雖然不一樣，但是卻指涉同一樣事物。因為意義不一樣，不是只靠分析「意識」和「腦歷程」的語意（先驗的方法）就能決定這個等同命題是否為真。例如「一加一等於二」，只要分析

「一」、「加」、「等於」和「二」的意義就可以判定「一加一等於二」是否為真，而不需要做實驗或收集觀察資料。相反地，支持「意識等同腦歷程」要做很多觀察與實驗。

上世紀最偉大的美國哲學家之一克里普克（Saul Kripke）完全不能接受心腦同一論的說法。克里普克是天才型學者，大學在哈佛大學學數學，大二時就在鄰近的麻省理工學院教授研究所的課。拿到學士學位後，被紐約洛克斐勒大學哲學系聘用。洛克斐勒大學哲學系是王浩創設的，他破格聘用只有學士學位的克里普克，後來證明了他的眼光。當我在印第安那大學當研究生時，他來訪問一年。我記得他是一個沒有處理日常瑣事能力的人。我修他太太吉爾柏特（Margaret Gilbert）的政治哲學課，有時會聊到克里普克。她很直率地說，克里普克的日常生活完全依賴她。二〇一二年我應邀到濟南山東大學，擔任中國分析哲學學會年會的主題演講。克里普克也被邀請，不過他的演講因身體因素已經很難聽清楚。

他認為「意識」和「腦歷程」等都是自然類詞。自然類詞和專有名詞一樣，是嚴格指稱詞（rigid designator）；專有名詞用來指特定的人物，一旦命名儀式完成，這個專有名詞就永遠跟著這個人。例如「蔣渭水」指稱臺灣文化協會的創始人之一，即使他已身故，一樣用這個專有名詞指稱同一個人。專有名詞有唯一指稱的作用，一個專有名詞只指稱一個人。克里普克認為自然類詞像「氧」、「水」、「意識」、「腦歷程」等，一旦命名使用，就永遠指稱同一個自然類。

以「水」來做例子，科學家說「水等於 H_2O」。在數千年甚至數萬年前，有個原始部落的成員例如巫師一類，指著水塘中透明流質物說「這是水」，將自然類水命名為「水」。雖然那時沒有人知道水的分子結構，到了十九世紀，化學家才分析出 H_2O。雖然「水」和「H_2O」的意義明顯不同，但皆指稱同一物質，而且這個等同一旦為真就必然真。克里普克的等同句「水等於 H_2O」的真假需要觀察與實驗，因此是後驗的。一旦證明為真，則是必然真。「意識等於腦歷程」也一樣，是後驗必然真。普列斯等人的心腦同一論卻是後驗偶然真。

讀者可能會說「水等於 H_2O」不必然真，可以找到具有水的性質如透明、流質等，卻不是 H_2O。克里普克認為化學可以解決這個問題，所有找到的反例都可以用分子結構解釋，所以這個等同句一旦為真，就是必然真。但是同樣的解釋策略卻不能應用到「意識等於腦歷程」這類的等同命題。

以「痛等於 C－纖維激發」為例，是否可能有痛覺、卻沒有 C－纖維激發？或有 C－纖維激發卻沒有痛覺？科學無法排除這種可能性。化學可以證明有水的所有性質、卻沒有 H_2O 分子結構是不可能的，因此「水等同 H_2O」不可能為假；「痛等同C－纖維激發」卻不必然真，可能為假。基於這樣的理由，克里普克認為心腦同一論是錯的。

在上世紀中葉，電腦對各學術領域的影響愈來愈大，前文提到普特南的算機狀態功能論逐漸成為心靈哲學和認知科學的主流，不僅驅逐了行為主義，也掃蕩了心腦同一論。以功能論為基礎的新科學典範稱為認知主義（cognitivism），不僅影響認知心理學，也催生了認知科學。如果心靈就好比軟體／程式，那麼它不僅可以在大腦上運作，也可以在電腦上，亦不排除其他硬體的可能性。

奈格同意克里普克所說，「意識等同腦歷程」是後驗必然命題。二十世紀分析哲學繼承了康德（Immanuel Kant）的說法，必然真的命題一定是先驗的，後驗的命題只是偶然真，不可能必然真。但是他不同意克里普克的結論，即心靈同一論是錯的。科學無法建立意識與腦的必然等同性，是因為今天的科學有所不足。奈格相信將來會有完全不一樣的科學，能超越了當今科學只能解釋物理現象，對意識現象束手無策的窘境。新科學可能使用完全不同的語言，因此得以建立心腦的同一關係。奈格對未來的新科學並未多所著墨，大概因為他不是科學家。不過在哲學上，他主張中性一元論

（neutral monism），可以想像一種跳脫心物二元對立的新科學典範，也許可以重建心腦同一論。中性一元論主張世界最根本的存在不是心也不是物，而是第三種非心非物的東西，心與物只是這中性基本存在的兩個面向。奈格也明白支持雙面向理論（the dual aspect theory）。雙面向理論最近有趨熱門的現象，後文將專章討論。

意識之謎果真超過人類理性悟性的極限？

解釋的鴻溝問題似乎指向人類終究無法瞭解自己的心靈最深處；第五章談到葛代爾不完備定理蘊涵著「一個科學理論不管多完整，永遠有一個真語句是這個理論所無能為力」；心理學可說是人類自我瞭解的科學，但是不管心理學發展到多完美，恆有一個關於人類心理的真語句，是這個超級心理學理論無法證明為真的。這是不是意味著永遠無法完全瞭解人類的心理現象？

能不能瞭解意識作用？解釋的鴻溝可不可能消除？難解問題終有解決的一天？這樣的問題可以改寫為「人類有沒有能力掌握或瞭解涂林算機語法能表達的所有規律？」在第五章談到所有的涂林算機／程式的集合其實等於所有一般遞迴函數的集

合。一般遞迴函數的集合，不外算數函數加上邏輯函數。這些顯然都在人類智力的掌握範圍。因此我們可以推論說，只要是涂林算機可計算的，只要是一般遞迴函數，都在人類理性悟性可觸及的範圍。因此如果宇宙是一部電腦／涂林算機，那麼人類智力有一天可以解開宇宙的所有奧祕，包括意識現象，雖然那一天可能在遙遠的未來。

第七章

『自我、時間、記憶與意識經驗』

精神醫學家范伯格在《改變了的自我》一書的起頭生動地描述：「有天在解剖一個被分離出來的大腦時，我突然想到躺在這裡的東西其實是一個人的心靈；在這顆大腦中，記錄了這個人的一生。我正碰觸的部分，會是怎樣的記憶？當我切除這片皮質時，是不是同時也剝奪了他的童年記憶？或是他最刻骨銘心的愛戀？自我是什麼？我手中的這顆腦，正是一個時空經驗被凍結的人生。」什麼是自我？自我在腦中的什麼地方？如何從腦中產生一個整合的自我？腦和心靈的關係是什麼？

每個人都會自覺到自我的存在。被針刺到時會覺得痛，有一個我在痛，而且那個我就是自己。我會感覺到我是所有感覺知覺經驗的中心，我是我的感覺知覺經驗的主體。從我做為一個觀點，我在感知世界。這自我的自覺到底是什麼？我是笛卡兒式的靈魂，透過身體感知世界，好像住在機器裡的鬼魂（ghost in the machine）？我是我的現象經驗世界的中心。科學讓我們習慣在一個客觀而沒有中心的世界。可是自我、主體、觀點、中心等這些自覺現象卻又是如此真實地存在。從啟蒙運動以來，西方科學致力於驅逐機器中的鬼魂、驅逐主體性、驅逐自我。到了二十一世紀，「什麼是自我」這個問題又重回科學舞臺。自我與現象意識無疑是宇宙間最後的問題。解答了這個問題，也就完整瞭解了世界。套用霍根的話，終於抵達科學的終點，敲開了宇宙最神祕區的大門。

古代人沒有意識？沒有自我？

普林斯頓大學心理學家傑恩斯（Julian Jaynes）於一九七六年出版了一本怪異的書《從雙系統心靈的崩解看意識的起源》，認為意識是距今三千四百年前、西元前一四〇〇年古希臘人發明的，在那之前人類像自動機器一樣，沒有意識。對傑恩斯而言，意識不是神經生理現象，而是語言文化現象。他分析荷馬的史詩《伊利亞德》，發現全書看不到任何具有自我指稱、或對自己的心理狀態及感覺知覺反思的語言。傑恩斯認為三千年前人類的心靈是由兩個系統控制，平常一切平順，沒有危險或複雜性時，由左腦主導所有的行為。這個時候人和自動機器沒兩樣。一旦發生危險或困難狀況，右腦會透過左腦的語言區向左腦發話，指揮左腦的作為。這時候，人會以為是神發話，要人做這做那。雙系統時代的人類會聽到頭腦裡有神說話，指示如何處理困難狀況。人們是沒有意識的「自動機器」。

一直到約莫三千年前，因為人口劇增，社會組織崩解，生存加倍困難，這時人類開始有能力內省，反思自己的心理狀態，後設思考的能力開始發展。這時人類開始有了意識，而頭腦裡神的談話也消失了。傑恩斯認為思覺失調症其實是古代雙系統心靈的殘留。思覺失調症患者會報告說頭腦裡有另一個人的聲音，指示患者做事，例如殺人。布拉克在《紐約時報》一篇文章中提到，哲學家奎因（W. V. O. Quine）問傑恩斯在人類發明意識之前，感覺知覺像什麼？換言之，感質像什麼？傑恩斯的回答是：「沒有感覺」，人就像桌椅一樣。他否認人有現象經驗，意識是反思過程的結果。所以被針刺到時，如果不反思針刺的感覺像什麼，事實上就不會有痛覺。痛覺是因為想它，它才出現。這種說法讓人信服嗎？

自我存在嗎？

我要先區分自我與自我意識兩個概念。自我意識指以自我為對象的意識活動，是一種自我指稱或遞迴能力，與自我做為意識統一的主體不一樣。動物顯然有自我，因為牠們的確有單一的經驗主體，以統整分疏的感覺經驗，但是牠們應該沒有自我概念以形成後設思考、自我覺知、反思、理性思維等能力。自我意識很可能只是人類現象，靈長類即便有些許自我意識現象，也不會如人類一般豐富。如果說人類的自我意識羽翼豐滿，則靈長類與若干動物只不過羽毛兩、三根吧？

從清晨到黑夜，在不同的時間與地點，經歷了許多事件，產生許多體驗，情緒起起落落，發生這麼多感覺知覺經驗。驚奇的是，這麼多不同的感覺經驗不是一個個獨立事件，而是有一個單一的自我，連續地貫串所有的感覺經驗。這個自我是經驗者、經驗的主體，也是所有經驗的擁有者。這個事實如何可能？大腦做了什麼，產生一個貫穿時空、連續存在、維持自我的同一經驗主體？

相信多數人都認為有一個連續存在的自我，並是感覺經驗的主體。雖然科學主流認為心靈就是大腦作用，不認為人死後心靈還存在，但是一般人、甚至很多科學家在天黑之後，相信有靈魂，而且可以超越生死。笛卡兒心物二元論代表這種信念的哲學主張。如果心靈不等於身體，那麼身體死亡之後，沒理由要心靈一起陪葬。心靈是非物質的實體，獨立於身體和物理世界存在。心靈不朽，可以獨立存在，也可以在身體死亡之後，再轉世到另一個身體。身體只是心靈接觸物理世界的橋梁。

唯物論或物理論的支持者也可以主張自我存在的說法，不是二元論的專利。例如前一章提到的心腦同一論主張自我就是腦歷程，是腦歷程統整我的經驗、產生經驗的主體。當身體死亡，這個神經歷程不再作用，自我做為主體也就從世界消失了。這種主張也是自我實體論的一個版本，它有別於二元論認為自我做為實體是物理實體，而不是非物質的心靈。

經驗論主張不能被我們的感官經驗的東西都不存在，所以像自我是否存在這樣的問題，經驗論者會問：自我是否能被感官經驗到？自我若可被經驗，那是誰在經驗自我？自我是經驗主體。我們如何經驗到經驗主體？另一個主體來經驗這個經驗主體？相信讀者頭都暈了。

感官無法經驗自我，因此自我不存在。儘管我們感覺到有一個連續的、統整的自我貫串我的經驗，然而做為經驗的主體，這只是一個錯覺。自我不存在，只有鬆散連結在一起的系列經驗而已。英國經驗哲學家休謨（David Hume）說自我只是一束感覺，不存在自我實體。休謨認為所有存在的事物都可直接被感官所經驗，他稱之為印象（impression）。我們沒有對自我的任何印象，因此自我不存在。

自我現象的特徵是單一性（unity）和連續性。自我的存在可以是錯覺，但是任何好的自我理論必須能解釋自我現象的兩個特徵。「一束感覺」理論似乎很難處理這兩個特徵。也許休謨的意思是自我現象本身就是錯覺吧？

詹姆斯（William James）可以說是現代心理學之父。他認為自我不過是一種廉價的靈魂，不存在「自我」，自我是虛構的幻象、意識短暫的過渡狀態。我們經驗到的心靈，只不過是一串意識流。

維根斯坦（Ludwig Wittgenstein）也認為自我不是實體，「我」這個詞不指稱任何實體性的自我。「我」如果不指稱身體，則根本不指稱任何事物，因此經驗的主體是錯覺。當代哲學家派翠西亞．邱奇蘭（Patricia Churchland）、丹內特（Daniel Dennett）與馬今格（Thomas Metzinger）等也都否認自我實體存在，儘管他們的理由不同。丹內特寫了一本大書《解釋意識》，瑟勒在《紐約書評》上批評他不夠誠實，他根本不認為意識存在卻寫了這樣的書，而且到書的最後才明確地說意識不存在，這簡直是耍讀者。如果丹內特在書一開頭就說意識不存在，讀者就不必費力去讀這本大書，期待丹內特說出真知灼見。丹內特不認為有主觀經驗現象，所有的現象包括意識經驗都可以從第三人稱的客觀觀點來充分解釋。因此我們可以說丹內特完全排斥奈格的主觀性理論。記得前面說過，奈格認為科學愈客觀就離主觀愈遠。主觀現象真實存在，客觀的意識理論會漏失世界的主觀面向。

當代主張自我不存在的哲學家裡，掌握認知神經科學最新發展、並與科學實驗室密切合作的少數哲學家當中，馬今格是其一，說他是德國最重要的分析哲學家，一點都不為過。我與馬今格的長期合作，開始於一九九九年在加州大學聖地牙哥校區的巧遇。當年我到史丹佛大學訪問，其間前往聖地牙哥拜訪保羅・邱奇蘭（Paul Churchland）。保羅於一九九三年曾應我之邀訪問中央研究院，這次算是回訪。當我離開保羅的研究室時，恰巧派翠西亞・邱奇蘭和馬今格從隔壁研究室出來，保羅便介紹我們認識。不久之後，馬今格到史丹佛大學參加哲學與心理學學會年會，我也出席了是次會議。晚宴時我找不到位置坐，因為被禮貌地告知空位都已有人要坐。後來我到了一桌，受到大家歡迎，當中許多學者看起來都是從其他國家來的。之後馬今格也來了，我開玩笑告訴他這桌是有色人種桌，他是白人，該坐別桌。沒想到，馬今格就坐下來了，然後說「我也是有色人種」。意識科學研究學會二〇〇八年年會能在臺北召開，馬今格幫了很大的忙。陽明大學心智哲學研究所也聘了兩位馬今格培養的博士，對臺灣的意識研究幫助很大。

馬今格認為自我不是一種東西，像石頭、足球、花瓶或汽車一般。世界上沒有自我這種東西，自我從來就不是實在界（reality）的一部分。自我也不是笛卡兒的心靈實體、靈魂或其他非物質的神祕事物。自我也不是特定的腦區，因為如果是這樣，那麼自己就等於自己身體的一部分，這完全說不通。我是我的身體整體、活的生物組織，身體的全面性作用產生我。自我是身體在環境中運作的歷程。

自我是歷程，在這個歷程中產生自我的感覺。這種自我的感覺很重要，它讓我們可以整合經驗，並且在時間過程中維持同一主體、同一自我的感覺。自我是複雜的表徵，它表徵身體和外在環境，讓我們藉以維持同一個現象自我。但是現象自我是可以被操作的，橡膠手錯覺（the rubber hand illusion）是有名的例子。

感覺經驗一定有擁有者，沒有無主的感覺，也不太可能誤認他人的感覺為自己的，同理可言，也不會誤認自己的感覺不是自己的。但是橡膠手錯覺提供了反例，證明感覺的所有權會出錯。二〇〇四年由艾爾遜（Henrik Ehrsson）、史汴斯（Charles Spence）和帕辛函姆（Richard Passingham）三位心理學家發現了這個有趣實驗。受試者會看到自己的右手和偽裝的橡膠左手，真正的左手藏在一塊板子後面，受試者看不到自己的左手。接著用小木條同時刺激真的左手和橡膠左手，受試者會看到小木條刺激橡膠左手，一樣看不見真的左手。這時受試者會覺得刺激的感覺發生在橡膠左手，他擁有橡膠左手的感覺，雖然那不是真正的左手。

另一個例子是幻肢錯覺。有些失去四肢的人仍然覺得四肢在身上，會痛、會癢。

幻肢癢起來可能最難受，因為沒有地方可以搔癢。也有生下來就缺手、缺腿的人，雖然從來沒有過那一部分肢體，可是該位置還是有感覺。橡膠手和幻肢錯覺證明感覺的所有感會犯錯或轉移。這表示自我是表徵，表徵身體與外在環境，而且自我表徵可以被操作，它是身體整體的歷程作用。如果自我表徵可以操作，那麼可不可以改變感覺的所有感？幻肢痛或癢能否透過自我表徵的操作來舒緩？東京大學醫學院住谷昌彥教授及其團隊二〇一六年在《歐洲痛覺期刊》（*European Journal of Pain*）發表研究報告，利用虛擬實境技術讓患者感覺可以控制不存在的手臂，以舒緩痛苦。

橡膠手和幻肢錯覺都是局部性的感覺。如果局部感覺的物主身分可以改變，那麼整個身體的物主身分是不是也可以改變？第三章提到有些病人身體受傷，也感覺到痛，可是卻不認為是自己在痛，有一位女性患者甚至於不覺得身體是自己的，身體和心靈分開了。橡膠手錯覺是以為刺激感覺來自人工手，把橡膠手當作自己的手。這些案例都與腦中創造出來的身體表徵有關。腦中有關於自身身體的訊息，以及身體在空間中的相關位置，就是身體表徵。身體表徵是產生觀點的要素，如果可以操控身體表徵，應該也可以操控觀點。

二〇〇五年馬今格和瑞士認知神經科學家布蘭克（Olaf Blanke）合作，做了一個很有趣的實驗。受試者戴上 3－D 虛擬實境的眼鏡，連結到背後兩公尺遠的攝影機，讓受試者看到自己的背後，然後將此影像以 3－D 投射到受試者前方兩公尺。受試者從背後看見自己站在前方。如果用長棍刺激受試者背部，受試者會當前面那個虛擬的自己為真實的自己。換句話說，受試者的觀點移轉到前方的 3－D 虛擬身體，經驗的主體感受移位了。受試者認同虛擬身體為真正的自己，這和民俗說的靈魂出竅（out of body）類似。第二個實驗投射到前方的不是受試者的身體，而是一個人造人體模型；第三個實驗則是投射一個長方形的立體物體。人體模型也會產生主體移位現象，但是長方形物體卻沒有這樣的效果。

從橡膠手錯覺到虛擬身體外經驗錯覺都牽涉到身體表徵的操控。身體表徵整合了身體內部的訊息和感官系統傳進來的環境訊息。上面的實驗都利用視覺訊息的操縱來產生錯覺。就像第三章談到身心分離的女士，她不認為她的身體屬於自己，雖然她的身體和常人一樣有感覺，但是她卻認為她的身體是別人的，因此她無法控制身體，例如無法移動雙腿；但是她可以借助視覺來控制身體，只要她看著雙腿，就能移動雙腿。

額頂皮質層（frontoparietal cortex）負責整合身體與感覺訊息。布蘭克用電流刺激癲癇患者的額頂區，病人就會往身後看，彷彿背後有人，即使病人知道背後並沒有人。這樣的「鬼魂」錯覺也發生在健康的人身上。額頂區的損傷造成病人無法整合身體、感官與運動系統的訊息，因此無法產生一致的身體表徵。

觀點、嚴格擁有性與私密性是主體性的三大特徵，其中觀點可能是最根本的。如果每個人都從特定觀點感知世界，而且觀點嚴格不可交換或分享，這導致每個人的感覺經驗只有自己能擁有，而且即便多努力讓他人知道自己的感覺，仍然不可能令其知道或親自體驗。只有變成「我」才能體驗我的感覺。奈格在他〈做為一隻蝙蝠的感覺是什麼？〉一文中一再強調感覺經驗的私密性。觀點是什麼？如何形成一個觀點？前面的討論顯示與身體表徵有關，可是如果可以操控身體表徵，以產生嚴格擁有性的改變和體外經驗（靈魂出竅）的錯覺，這是不是表示我們可以操控觀點？能不能讓我的觀點和他人的一致？如果在馬今格和布蘭克的實驗中，受試者可以「滑入」虛擬的3D身體影像，產生自身空間觀點的轉移，有沒有可能透過實驗操作，將我的觀點「滑入」他人的觀點？觀點可以改變或交換嗎？如果可以交換，那麼我就可以從他人的身體去感受世界，世界將再無絕對私密的可能。

索引詞、觀點與世界：客觀世界少了什麼？

客觀世界就是由第三人稱所描繪的世界。科學家歌頌客觀，貶抑主觀。日常生活對話中，我們也常視主觀為負面的，並勸人不要太主觀。藝術、音樂、美術、文學創作等常被認為捕捉到人的內心世界，可是又認為內心世界只是人的主觀世界，是經驗與想像，一點都不真實，不是世界的一部分。雖然二十世紀起心理學、認知科學與認知神經科學都宣稱要瞭解人類的心理行為，可是這些學術領域都以物理科學為典範，企圖模仿物理學，期待成為嚴格科學。這說明了在這些領域中，唯物論或心腦同一論如聖經般不可冒犯。哲學家反而比科學家來得不那麼教條，二元論、唯心論、泛靈論、雙面論等各種想像從來不缺貨。核心的問題是：客觀世界就是世界的全部嗎？如果物理科學遺漏了世界的某些面向，遺漏了什麼？要如何認識世界、瞭解世界，才能捕捉到世界的全部？

哲學家百里（John Perry）從語意分析下手，處理這個形上學問題。百里主張索引詞（indexical terms）的使用在語意內容上是必要的，換言之，索引詞所指稱的對象在本體上不可化約。索引詞指人稱代名詞（who）、空間位置（where）與時間代名詞

（when）。例如我（I / me）、你（you）、他或她（he/ she/ him/ her）、它（it）、這裡（here）、那裡（there）、現在（now）、以前（before）、以後（after）等。如果用非索引詞取代一個信念中的索引詞，例如用「豬頭皮」去取代「我的牙齒在痛」中的索引詞「我」，得到「豬頭皮的牙齒在痛」。除非你知道「我」與「豬頭皮」指同一個人，否則這兩個句子的語意內容顯然不一樣。當牙醫聽到病人豬頭皮說「我的牙齒痛」，他知道眼前這個人牙齒痛。假定醫師不認得豬頭皮是誰，護士是豬頭皮的粉絲。她興奮地說豬頭皮牙齒痛。醫師的回應可能是「豬頭皮是誰？」「有沒有看牙醫？」而完全不知眼前這個病人就是豬頭皮。因此這兩個句子的語意內容顯然不同，對醫生而言，「我的牙齒痛」為真，但是對於「豬頭皮的牙齒痛」的真假值卻不甚確定。

我在上課時會做一個實驗：請學生選一天，一整天都不允許自己使用索引詞。不准說「我要去那裡見一個朋友」，只能說「某某某要去某個經緯度（或某家餐廳）見朋友」。下次學生來上課時都哀鴻遍野，抱怨沒有索引詞的一天有多難過。其實這不僅是方便性的問題而已，而是沒有使用索引詞可能只描繪了一部分的世界，會漏失許多東西。比較一下以下三組句子有索引詞與沒有索引詞的差異：

- Who（人稱索引詞）

The shopper with the torn sack is making a mess.

帶著裂開袋子的顧客弄得一團混亂。

I am making a mess.

我搞得一團混亂。

- When（時間索引詞）

The meeting begins at noon.

會議中午開始。

The meeting begins now.

會議現在開始。

- Where（空間索引詞）

The fastest way out of town is to take train.

出城最快的方式是搭火車。

The fastest way out of here is to take train.

離開這裡最快的方式是搭火車。

比較前後兩個語句，索引詞被取代之後，語句的意思也改變了。顯然索引詞是必要的，而且不僅是語意上的必要，也是本體（存在）上的必要。索引詞指稱對象不能被化約到非索引詞，如果可以化約，非索引詞就可以窮盡索引詞的意義，但事實不然。人稱、空間和時間索引詞表達了一個觀點，由特定觀點所描述的世界，當然和不具觀點的無中心世界有所不同。

康德在《純粹理性批判》中論道，在自我覺知（awareness of self）的脈絡之下，第一人稱索引詞（I/ me/ my/ mine）無法被其他描述詞所替代。康德認為覺知的性質做為某人之自我性質時，預設了自我做為主體的覺知（“Awareness of properties as properties of oneself presupposes awareness of oneself as subject, as oneself.”），因此意識經驗預設自我覺知。「我覺得痛」與「豬頭皮覺得痛」意義不同。康德認為自我有兩個意義，包括經驗的自我和超驗的自我。只有經驗的自我可被觀察和研究。超驗的自我則是一個先驗架構，是意識經驗的必要基礎，但不能透過經驗理解。換句話說，在認識世界之前，必須先有一個可以做為經驗主體的「我」。這個內在的自我使經驗與知覺一致且連貫。這個純粹、原初、不會改變的意識，康德稱之為「超越經驗的統合知覺」（transcendental apperception）。

自我是一種東西：實體論新解

雖然二十世紀是一元論，尤其算是唯物論或物理論的世紀，不過還是有些著名的科學家公開主張心物二元論。以研究神經突觸得到諾貝爾生醫獎的艾克爾斯是一例。他與哲學家波普爾合作，主張三元論（trialism），認為這世界存在三種實體：物質、心靈與文化，這是有名的三個世界觀。艾克爾斯認為世界有三部分，第一個世界是物理事物和狀態的世界，包括所有無機的東西、所有宇宙中的能量與物質；第二個世界是意識的世界，包括知覺經驗、思考、情緒、意圖、記憶、夢和創意想像；第三個世界是客觀知識的世界，是人類文明的一切紀錄和所有文化活動。這三個世界相互影響。

心靈實體論並未退流行，現在仍有支持者。史特深（Galen Strawson）的最小自我理論（the minimal self theory）是一個例子。他分析自我的必要條件，以支持其自我實體論。下面八個要件是必要的條件：

- 自我是一個東西
- 一個心理的東西

‧在當下與同時性下的單一體
‧跨時間下的單一體
‧本體上獨立於其他實體（不能被化約）
‧經驗的主體
‧是一個行為者
‧具有人格的東西

自我要滿足上述八要件。什麼是最小自我？史特深認為最小自我不具跨時性，只持續一小段時間。各時間片段的最小自我不連續，一段段最小自我就像串在時間軸上的珍珠，因此他將他的自我理論稱為珍珠理論。

如果拿掉史特森的實體論，最小自我的看法倒有神經科學上的證據。他注意到最小自我做為經驗的主體，不須牽涉記憶。當牽涉到記憶時，跨時性就無可避免。記憶是過去經驗在腦裡的存跡，人格則是記憶的整體呈現。感官經驗只存在當下，過了當下就成記憶，人不可能今天才感覺到昨天的痛，但可以有昨天的痛覺記憶，只是昨天的痛覺僅在昨天當下存在。這些重要的問題會在下文討論達美西歐（Antonio Damasio）

的理論時，再深入探究。

原始自我、核心自我和自傳自我：意識的發生與發展

神經內科學家達美西歐在過去二十年出版了許多關於情緒、意識與自我的專書和論文，提出不少具原創性的看法。他從演化的觀點來解釋自我的建構，認為自我是複雜的腦歷程，意識的發生是建立在自我歷程的作用上。達美西歐認為自我不是單一的歷程，事實上在演化過程中，自我由最簡單的原始自我（proto self）發展到核心自我（core self），最後可能只有人類可以發展出自傳自我（autobiographical self）。

原始自我還沒有產生意識，不過它是意識發生的神經生理基礎，屬於前意識（pre-consciousness），表徵身體的內在狀態。它自動偵測身體的內在變化，以維持體內平衡（homeostasis）和自體感覺。與原始自我相關的腦區包括下丘腦、腦幹和腦島皮層。原始自我的主要功能是形成一個身體表徵，並提供處理外來刺激的空間表徵，產生觀點。藉以進一步整合外來刺激，以產生意識經驗。用我的話來說，觀點在這裡可以理解為由身體內在狀態的表徵和身體在環境中的相對空間位置整合，產生以身體為中心

的空間座標。主體或觀點可以類比為這個空間座標的原點，從這個原點整合外來刺激訊息。

腦幹職司身體內部感覺、自體感覺和體內平衡。腦幹最上方有上丘（superior colliculi）和下丘（inferior colliculi），上丘與視覺相關，下丘與聽覺相關。外來的視覺與聽覺刺激會走兩條路徑，一條到丘腦區，稱之為上方路徑（high road），一條到腦幹，稱之為下方路徑（low road）。丘腦處理所有的感官刺激訊息，嗅覺除外。聽覺與視覺會傳到腦幹，再到丘腦。為什麼聽覺和視覺需要走下方路徑呢？上丘與下丘的功能就是在以自我身體為中心的空間座標內，引導行為反應。聽覺與視覺訊息和觸覺、自體感覺和身體內部感覺整合出一個以自體為中心的空間座標，形成觀點，以做為主體性的神經生理基礎。

動物結構簡單如魚或蝴蝶，有原始自我的可能性很大。魚雖然沒有大腦皮層，但是也有小腦、中腦、間腦等。原始自我不牽涉大腦皮層，因此魚有原始自我是合理假設。也許可以說：只要對環境刺激有反應，能在空間中移動的動物，即使沒有大腦，也都應該發展出以身體為中心的空間座標。不然很難解釋這些簡單動物的矯捷行動力及獵捕食物的能力。例如海星沒有腦，只有分散身體各部位的神經細胞。牠應該也有非常簡單的原始自我。達美西歐的原始自我是無意識的，所以有原始自我不代表就有意識，但是沒有原始自我就沒有意識。

當感官刺激訊息傳到丘腦，再進一步上傳到大腦皮層時，就會產生核心自我。以視覺為例，訊息由視網膜傳到丘腦中的外側膝狀體（LGN），再傳到視覺皮層（上方路徑）；另外視覺訊號也會走下方路徑到腦幹，再到外側膝狀體。上方路徑主視覺內容，下方路徑則管空間座標，兩種訊息整合產生核心自我，意識於焉產生。簡單來說，原始自我產生主體性，構成空間座標結構，用以整合感官內容，形成主觀的意識經驗。

核心自我需要身體和環境的複雜互動，原始自我扮演身體在環境中的定錨功能。感覺知覺是主觀的，是從獨一無二的特定觀點所產生。二元論者用非物質的心靈或靈魂來解釋主觀性。在這裡我希望在神經科學中找答案。將主觀性或觀點用身體與環境互動形構的空間座標做類比，應該是蠻合理的假說。除此之外，除非否定主體性的真實性，否則大概沒有更好的說法。

所有的感官經驗都只發生在此時此地。時間過去了，感官經驗或意識經驗就不復存在。我或許記得昨天看到一條邊境牧羊犬，但那是昨日視覺經驗的記憶。當然回憶昨日所見也是有意識的，不過那是意識到自己在回憶昨天看到的景象，是回憶的意識。回憶的意識也只發生在當下，過了一段時間再回想我曾經回憶某日看到的景象，那個回憶的意識也消失了，只剩記憶。

當下的感官經驗不依靠記憶，不需要語言或推論，它是一種直接的感覺。個人在特定時間、地點發生的經驗的記憶為情節記憶；「地球是圓的」、「豬頭皮是歌手」等記憶叫語意記憶，與個人經驗無關，也不牽涉特定時間和地點。以核心自我為基礎，統合過去的情節記憶，形成一致的自我故事或自傳，就產生自傳自我。自傳自我跨越時間，包含過去和未來。

在哲學上有所謂「人格等同問題」。昨天與今天、去年與今年，身體有一些變化，細胞更新了許多，頭髮是全新長出來的，我的身體顯然是不一樣的身體；然而我還是我，我仍然要償還去年的借貸，繳交去年收入的所得稅。照理而言，我在時間的流逝之中仍是同一個我，但依據什麼樣的原則，我做為一個人，去年的我和今年的我仍是同一個？時間拉長些，那個穿開襠褲的小男生和我是同一個人，這個等同的道理在哪裡？

十七世紀的英國哲學家洛克用「王子與修鞋匠」的故事來呈現這個問題。某天王子覺得生活太無聊，就和修鞋匠換心，然後各自回家。修鞋匠的妻子見到有王子之心的修鞋匠。身體是原來的丈夫，心卻是王子的，修鞋匠的妻子如何認定回家的是原來的丈夫、還是換了一個人？洛克認為身體不是重要因素，記憶才是判定人格等同的依據。我和童年的我是同一人，因為我可以回憶歷歷往事直到童年，記憶所及就是我。這就是人格等同的記憶理論。

科幻片常上演把某個人的記憶與心理狀態上傳到電腦，電腦擁有其所有記憶和性格特徵資訊，包括情緒、性情和嗜好。這個人在電腦裡面嗎？電腦可以代表這個人嗎？洛克應該會認為電腦就是這個人，因為電腦擁有其一切記憶。記憶理論受到很多批評，我不打算在這裡討論人格等同問題。我只想說達美西歐的自傳自我所依賴的記憶理論，洛克也有類似的看法。

自傳自我由一連串跨時間的情節記憶所構造。因為情節記憶牽涉到跨時間，人類以外的動物是否有情節記憶，有人主張某些靈長類有情節記憶，長期以來備受爭議。就我十二年的觀察，我家的黃金獵犬當然有記憶，可能有有限的情節記憶；然而牠大部分時間似乎只活在當下，每個當下對牠都是全部，牠的生命在瞬間完成，不需要回憶，不需要沉湎於過去，也不需要憧憬未來，當下就是一生，一生就是當下，所以永遠很快樂。

自我是統合體內與體外訊息的動態機制。做為統合歷程的機制，本身不具有經驗內容，否則這個經驗內容又得預設另一個自我，如此會陷入無限後退。因此自我做為歷程，提供一個統合訊息的觀點或座標系，賦予這些內容主觀性。因為自我做為歷程本身沒有內容，所以可以說自我是主體性的裸點（a bare locus of subjectivity）。原始自我是定錨於身體而產生觀點的歷程。有沒有證據可以支持這個說法？

第三章「沒有身體的女士」因為周邊神經炎失去本體感覺，覺得身體不是她的、自己沒有身體，因而無法移動肢體，必須依靠視覺輔助操控身體。她的身體仍有感覺，但是她不認為那是她的感覺。病人覺得自己的靈魂與身體分離了。一個解釋是，因為病人失去了本體感覺，無法統合產生觀點，所以無法將自我定錨於身體。異手症（alien hand syndrome）的情況不太一樣。異手症通常由中風引起，病人會覺得某一隻手不是自己的手，不受其意志控制。這種病人不適合開車，因為當正常的手受意志指揮時，另一隻手可能會干擾或阻止正常的手操控方向盤。異手症的神經病變與原始自我無關，病人的觀點或原始自我正常，大多是額葉病變所致。

這位女士有感覺，可是卻沒有感覺的主體感。觀點無法定錨在身體，因此不能正確整合感覺為自己的。對健康的人來說，我們的觀點定位在身體，當有外來刺激時，這些訊息被整合到原始自我的觀點座標系中，產生感覺經驗，因此產生核心自我。核心自我是有意識的，也就是一般所說在當下產生的感官經驗。

一般人認為自我是一致的、完整的，而且感官經驗一定有一個主體。不過有一些病例似乎提供了反例。核心自我整合了當下的感官刺激，產生一個一致且完整的感官經驗。看到一部車子駛過，所有感官都接收到刺激訊息，例如視覺刺激包含車子的形狀、顏色、外部零件等，大腦會將刺激訊息整合，提供車子的整體感覺。這時有了車子的視覺經驗，這個經驗也有個主人，就是經驗這一切的自己。可是有些病人無法控制自己的身體，或失去對感覺的擁有感，這些病人的自我是否隨之消失？

來看看原始自我健全、體感覺區或運動區因為中風受損的幾種病例。首先是身體失識症，病人無法辨識自己的身體，也否認身體或特定部位是自己的。有些身體失識症病人會將身體或其部位人格化，例如覺得自己的手是某個人的手。也有些病人是單邊忽略，通常是失去左半邊的視野和忽略左半邊的身體，被要求畫一個時鐘時只會畫出右半邊。這些病人都有感覺意識，但是感覺意識與自我的連結出問題。這似乎表示意識經驗不必然與自我覺知綁在一起，但對經驗主體擁有感可能出錯。

一個合理的解釋是核心自我在這些病例中沒有消失。范伯格有一個中年電子工人的臨床病例。病人的手嚴重灼傷，也知道自己受傷、覺得痛，卻毫不在意，好像手不是自己的。病人的精神狀態、語言功能、認知功能和皮膚的痛覺都正常，核心自我並未受損。這到底是怎麼一回事？最後核磁共振造影顯示右額葉和顳葉有大範圍的神經損傷。病人的情緒腦區與額葉的連結受損，因此雖然覺得痛，卻認為這個痛與自身無關，就像在第三章提到的卡普格拉症病人，可以辨識母親的臉，卻無法產生對母親的感覺或情感，因此認為母親是冒充者，不是真的母親。這些病例說明，如果情緒腦區不能正常作用，病人對感覺經驗不會有情緒連結。

核心自我產生的感覺經驗只發生在當下，但是有些感覺經驗會形成情節記憶。這些在不同的時間點形成的記憶，如果沒有整合起來、從屬於一個自我，零散而無關連的記憶對一個生物體而言，似乎毫無用處。情節記憶需要被整合成一個故事或自傳。達美西歐的自傳自我做為整合歷程，其作用就是將發生在不同時間、空間的情節記憶，編纂成一個大概一致的自我故事或自傳。人格就是自我故事的整體呈現。當然情節記憶常常背離事實，即使所有的情節記憶都忠實記錄經驗，自傳自我也常常編寫、甚至改寫部分故事。自我故事是否真確不是自傳自我的目的，編一個一致的故事才是重點。

失智症（dementia）提供了一個自傳自我毀損的例子。阿茲海默症占失智症五成以上的病例。患者的典型症狀是情節記憶錯亂，然而他們仍能正常描述當下經驗，並做出適當反應。例如用針輕刺病人手臂，病人會感覺痛，手臂退縮，責怪為什麼要這麼做等。然而情節記憶為什麼會錯亂？在演化的過程，人類大腦發展出生物時鐘，配合黑夜和白晝的節奏。腦科學家認為這個生物時鐘位在下丘腦。另外還有一個心靈時間（mind time），與我們對時間的流動及如何組織與時間有關的事件記憶相關。科學家發現海馬迴（hippocampus）與包覆在海馬迴外面的顳葉，在記憶的形成過程具有主要功能。海馬迴受傷時，通常會導致無法形成新的記憶，病人只能維持大約一分鐘的記憶。失智症與海馬迴受損有關，因此失智症患者對事情會做過即忘。照護者要注意患者是否飲食過量，因為患者往往忘了剛剛才用完餐。部分顳葉受損，也會導致長期記憶喪失。病人不復記得過去，也無法形成新的記憶，造成情節記憶錯亂。

達美西歐稱情節記憶為「有時間標記」（time stamp）的記憶，是發生在特定時間和地點的個人經驗。失智症患者的情節記憶所形成的自傳或自我故事無法挽回地被刪除。祖母級的患者會自認才十八歲，明明兒孫滿堂卻堅持自己未婚，不認得結婚超過半世紀的先生，也不認得兒女。通常也會空間迷向，明明在家裡卻一直往外走，說要回家。她的自我故事完全錯亂。不過對發生在當下的感覺經驗看起來又完全正常。還是有自我覺知感，知道當下的感官經驗是自己的經驗，雖然待會就忘記。所以我認為失智症患者的核心自我正常，但是自傳自我崩壞了。達美西歐的研究顯示，記憶的時間標記和記憶存取是兩個不同的歷程。至於腦如何做時間標記，並將事件依時序整編？自傳自我的時間軸線怎麼產生的？這些問題到現在仍是一個謎。腦歷程在時間中運作，如何表徵時間是個很難的問題。

失去自傳自我的感覺

罹患失智症是怎樣的感覺？早期患者會認為他們失去自我。一位患者哈里斯（P. B. Harris）說：「自從醫師診斷我為早期失智症，我失去了很多我自己，失去了那個享受生活的人……我失去了用以界定我『是一個有工作能力』和『人生充滿意義』的一切。」。另一位病人沃瑪克（K. Womack）則自述：「我看著自己的記憶開始逐漸消失，看著自己的心靈一片一片地滑失，看著自己隨著器官衰竭而變弱，看著自己的身體與最後一口氣戰鬥。」病人在當下仍有自我覺知，並能整合當下的感官經驗，因此並沒有失去核心自我，失去的是自傳自我，失去構作自我故事的能力。范伯格認為自傳自我幫助我們建立意義與目的的網路。人需要一套自我故事來維持自我意義與目的。自我是腦透過意義與目的的巢狀階層創造出來的。擁有情節記憶使人類有別於其他動物，得以不斷地追求意義和目的。當生命缺少意義和目的，那種可怕無法想像。

一般人在生命歷程中擁有一致且穩定的自我故事，覺得瞭解自己、會計畫未來、評斷自己的行為。而失智症患者的情節記憶出了問題，只能在相對短的時間內，維持記憶的一致性，當時間拉長，就形成斷裂、不連續的自傳自我。當時空只存在當下，無法回憶過去、構築關於自己的故事，便不知道自己是誰，陷入意義的絕對虛無，這是非常可怕的經驗。病人為了掙脫當下的時空囚牢，會奮力編故事，也希望別人接受他們的即席創作，以獲得意義與目的感。當故事被質疑時，病人再度被擲回當下的囚牢，會感到挫折與絕望。

奇伍德（Tom Kitwood）也持類似的看法。他認為失智症患者最痛苦的事，不是功能喪失，而是失智症對自我與人格的威脅。因此良好的照護強調幫助患者確定其人格及維持自我，也就是維持病人的意義感與目的感。失智症病患需要他人「抓住他們的故事」，並且認真對待他們、回應他們。

雖然在他人眼中，失智症患者並沒有一貫的自我故事，然而患者仍會透過統合歷程，編織受損的情節記憶，使之成為一致的故事，以保持意義與目的的網路，雖然這樣的自我故事形成不久即消失，患者得不停編寫一個又一個自我故事。但是即興創作可使心靈免受虛無之苦，是患者的自我保護機制，它重構患者內心世界的秩序，為自己找到存在的意義。

自我的神經基礎：基態網路

基態網路（default mode network）是由許多腦區所形成的網路，是賴希勒（Marcus Raichle）於二〇〇九年提出。這個網路的功能主要與自我知覺有關，尤其與自傳性情節記憶的產生有密切關係。基態網路涵蓋的腦區除了海馬迴，還涉及顳葉、頂葉和前額葉，是大範圍的分散式網路。基態網路有如大腦的待機狀態，但很特別的是，當感覺知覺系統很活躍，接收到許多外來刺激，或從事思考、判斷與解決各式問題時，這個待機狀態反而不活躍。最活躍的時候是大腦處於休息狀態，什麼事都不做時。簡單來說，當專注於特定刺激時，基態網路的活性下降，發呆、靜坐或專注於內心世界時，它的活性則上升。

賴希勒用交響樂團做比喻，大腦就好比是一首交響樂，有弦樂、管樂、敲擊樂等，如同交響樂不是各種樂器音樂的總和，大腦也不是各腦區的總和。事實上整體大於部分之和。樂團指揮扮演非常重要的角色，統合所有樂器的表現，創造出一個具有內部結構的交響樂曲。同樣道理，大腦也需要一個指揮，而基態網路就是大腦的指揮，基態網路的功能具有自我指稱性。情節記憶之間具有自我指稱的連結，因為情節記憶需要連結到一個貫穿時間軸的自我，這個連結當然必須是自我指稱的。

基態網路和失智症有什麼關係？當腦活化時，活化區會有變異蛋白質的累積，造成神經突觸的退化，進而出現神經纖維糾結或老年斑。這兩種東西在基態網路中——尤其是海馬迴——大量累積，導致神經細胞死亡和大腦萎縮，海馬迴通常是最先受損的腦區。前文提到，海馬迴負責對經驗加上時間標記，整合空間定位，形成情節記憶。海馬迴受損時，情節記憶的時序會出現問題，造成自傳自我受損。

為什麼變異蛋白質會在基態網路大量累積？通常活化程度高、時間長的腦區會累積較多變異蛋白質。當腦部不處理外在刺激或進行思考活動，也就是休息狀態下，基態網路是最活化的時候。如果常常讓基態網路高度活化，就會累積較多的變異蛋白質，提高罹患失智症的機率。所以多活動大腦，多接受外來刺激，可使活化區分散，降低變異蛋白質在基態網路累積的速度，並降低罹患失智症的機率。

心靈時間：意識的時間因素

快樂的時候，感覺時光飛逝；當日子無聊或痛苦時，時間似乎過得很慢。看電影時，兩個小時一下子就過去了，在學校上「公民與道德」這類的課卻度日如年。感覺上時間有快慢是心理感覺，或是心理時間。愛因斯坦相對論的確認為時間的流動會受到速度或重力的影響。時間不是一成不變，他認為時空是相對的。知名物理學家索恩（Kip Thorne）也是電影《星際效應》的顧問，他表示時空是私人的、個人的。每個人的時空都不一樣。這個意義下的時空相對性和上面提到因經歷之事件不同而對時間有不同的心理感覺，是兩回事。每個人都有獨特的個人時空。

這裡我們要談的不是對時間的主觀感覺，而要從李北特的實驗來看時間與意識的關係。李北特首先提出意識經驗的產生需要大約五百五十毫秒（一秒等於一千毫秒）的神經活動。直接刺激腦部的體感覺區可以產生感覺，例如刺激負責手掌的區域時，手掌會有感覺，前提是這個腦區必須持續活化約半秒鐘，李北特稱之為「意識經驗的五百毫秒神經就緒作用」（neural adequacy）。簡單來說，如果刺激讓特定腦區活化少於五百毫秒，受試者不會有感覺。這表示我們的意識經驗在時間上會落後於外在事件半秒鐘。看到一隻老虎時，老虎在半秒鐘之前就已經出現在面前了。這個半秒鐘的耽擱非同小可，因為半秒鐘已足夠讓老虎在被看到前就吃掉人了。

除了得到五百五十毫秒的結果之外，李北特另外做了一個實驗，證明意識經驗的發生需要腦皮質層持續活動半秒鐘。他先刺激受試者手臂上的皮膚，然後在兩百到五百毫秒間刺激相關的皮質區，以中斷該皮質區對手臂刺激的處理。因為手臂刺激沒有得到持續五百毫秒的處理，受試者

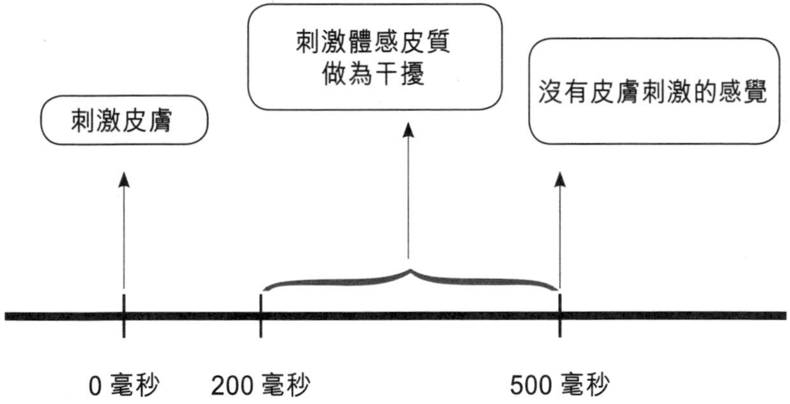

不覺得手臂皮膚有任何感覺。直接刺激腦區蓋掉了手臂刺激的腦部活動，導致腦部活動短於半秒鐘。

半秒鐘其實足以讓我們察覺感覺經驗的延遲，但在實際生活經驗中，為什麼我們從未感受到延遲呢？李北特又做了一個實驗。先在受試者的體感覺區給一個刺激，如所預期，半秒鐘後受試者感覺到了。接著刺激受試者的皮膚，結果感覺不是發生在半秒鐘之後，而是大約十到二十毫秒之間。為什麼刺激皮膚的感覺沒有延遲五百毫秒？李北特認為刺激皮膚仍然需要五百毫秒的神經活動，之所以提前約半秒鐘感覺到，是因為受試者主觀地在時間中回溯到刺激發生時。換言之，腦有在時間中回溯到過去的能力，更白話地說，腦有時光旅行的能力。當看到老虎，照五百毫秒延遲理論，已經慢了半秒鐘，這會讓人被老虎吃掉。大腦可能因此發展出時光旅行的能力，可以回到半秒鐘前。如果這是事實，李北特的實驗似乎證明心靈比大腦快。

心理學家可勒斯（Paul Kolers）的「彩色 phi 現象」似乎也證明心靈比大腦快。可勒斯原先的實驗是黑白的 phi 現象，後來哲學家古德曼（Nelson Goodman）建議他改成彩色，看看會有什麼後果。實驗的做法是要受試者在時間 t1 目視螢幕左邊閃現的藍色圓點；在時間 t2，螢幕右邊會閃現紅色圓點。受試者應該看到藍、紅圓點在左右閃現，但事實上受試者看到的是藍色圓點由左往右移動，過時間中點後出現紅色圓點。受試者的視覺經驗提前了一小段時間，在紅色圓點尚未閃現之前，已經看到了它。這如何可能？為什麼受試者在紅色圓點出現前就看到它？大腦是不是有預期能力？

阿姆斯特丹大學的比爾門（Dick Bierman）進行的實驗是出示各種圖片，有些是中性的，有些會刺激情緒反應，例如暴力或色情圖片。比爾門發現受試者對非中性圖片有強烈的情緒反應，而且這些反應可以在出示圖片的四秒鐘前就出現。比爾門認為大腦有預感能力。問題是這預感能力是怎麼辦到的？如果這也是大腦時光旅行能力的表現，那麼這已經不是半秒鐘，而是四秒鐘了。大腦如何可能有時光旅行、回到過去的能力？

潘羅斯認為大腦是一個量子系統，腦的量子效應可以解釋大腦時間回溯現象。在量子力學中，量子訊息的確可以在時間上回溯到過去。潘羅斯是知名物理學家，不管我們同不同意他的看法，至少大腦時光回溯到過去在物理學上不是不可能。在哲學上，李北特的時間回溯對唯物論和心腦同一論是頭痛的挑戰。

時間與自由意志

李北特認為如果人有自由意志，行動應該由有意識的意圖或決定啟動。先意識到想做什麼，接下來才開始大腦歷程，控制身體、執行行動。李北特設計了一個實驗，用腦波圖（EEG）記錄運動皮質區的就緒電位（readiness potential），然後要求受試者報告他決定活動左手的時間，另外還有一部儀器測量左手活動的時間。如果自由意志存在，那麼這三個事件發生的順序應該是受試者報告他的決定，就緒電位完成，最後活動左手。實驗結果如下圖：

就緒電位在活動左手前五百毫秒已經完成。這合乎上節所說，意識經驗的產生需要五百五十毫秒。與直覺相反的是，意圖或決定發生在就緒電位之後三百五十毫秒。換句話說，為了活動左手，腦部相關區位早就做完該做的事，意圖或決定只是伴隨現象，沒有因果角色。我們的行為直接由腦

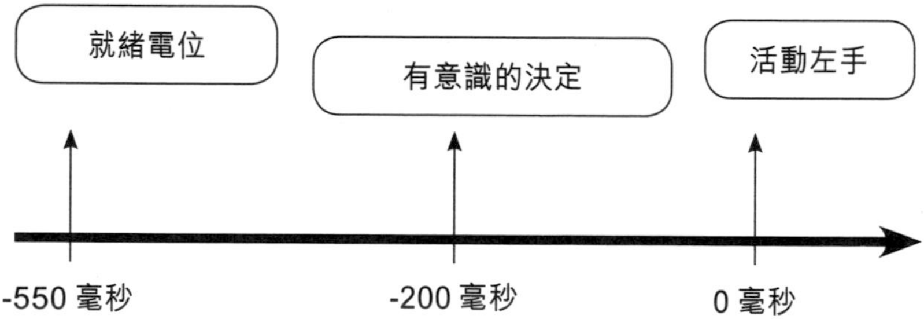

做完必要的工作，心靈或意識毫無作用。這個實驗很顯然地證明我們沒有自由意志。

意識在自主行動中真的沒有任何角色嗎？李北特認為雖然意識在自主行為上沒有因果角色，卻有否決的作用。當受試者的就緒電位已經完成，意即大腦已經做完所有該做的事，五百五十毫秒過去，行動就會發生。然而受試者的意識依然保有否決權，可以中止這個行動，這在日常生活中常常發生。想做一件事時，突然在最後關頭改變主意。不過否決權的使用必須在行動前一百五十至兩百毫秒之間。用英文來說，雖然我們沒有「free will」，可是有「free won't」。

心理學家魏格納（Daniel Wegner）同意李北特的結論，認為自由意志是錯覺。他的實驗很簡單，卻很有說服力。讓受試者站在鏡子前面，在鏡中安排一雙手，看起來類似受試者的手，其實是別人的。受試者戴著耳機接受指令，依照指令活動雙手。受試者看到的手也依指令活動。結果受試者覺得是自己在運動那雙他人的手。那雙活動的手明明是別人的，但是受試者會產生錯覺，將其解釋成是自己的手，並誤以為自己的意志在控制那雙手的活動，如下頁圖。

我們真的沒有自由意志嗎？所有行為真的只是神經生理歷程，完全依循自然律運作嗎？如果我們只是生物機器，自由意志只是錯覺，或者雖然我們掌握有限的否決空間，但那有限的否決權也許只是另一個神經生理歷程，如何解釋意義與目的？如何理解道德與責任？如康德所言，倫理學與道德判斷的可能性預設自由意志。如果我們所思所為一切都依據因果律，那麼我們就談不上有道德或法律責任。對康德而言，自由是理性的基礎，人有理性代表我們具有自發行為能力，不受因果之影響或限制。

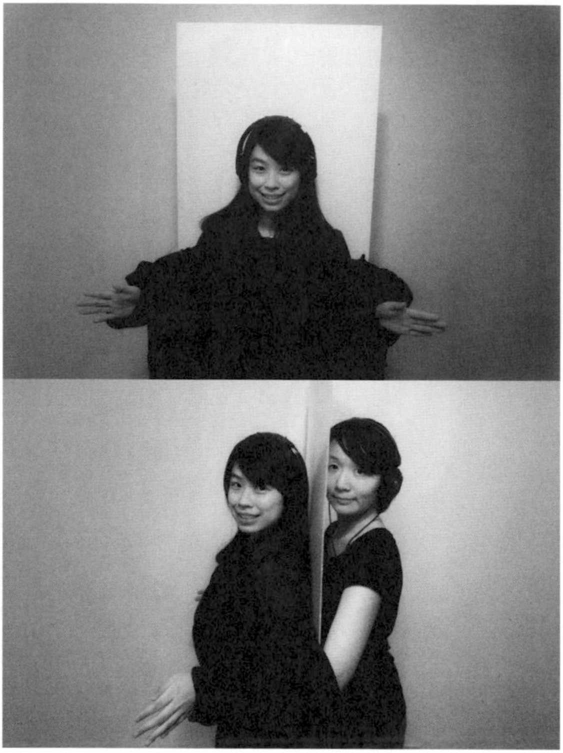

李北特並未全然否定自由意志，至少我們有自由決定不做某些事，雖然對那些事大腦已經一切就緒，在〇・二秒內就要引發身體行為了。也許對欲望的否定正是意

志自由的顯現。當有強烈的欲望以行動時，要停止下來往往有難度，需要用一點意志力。例如要一個有酗酒習慣的人不喝酒很難，上癮的吸毒者要壓抑再度吸毒的想法也非易事。這些當然是大腦已經就緒，箭已在弦上的極端例子。對一般人來說，週末夜晚到底要在家工作、還是去酒館與朋友瞎混，也是困難的決定。所以李北特的說法似乎與日常經驗相容。至於「自由意志只是錯覺」的說法，倒有過度推廣之嫌。儘管常常發生視覺上的錯覺，但不會因此推論所有的視覺都是錯覺。魏格納的確在實驗室製造出自由意志的錯覺，但是由此推論所有自由意志都是錯覺，恐怕是邏輯上過度推廣的謬誤。

第八章

『訊息、夢、虛擬實境與靈魂不朽』

世界有沒有底？

問世界有沒有底，不像桶子或深井有沒有底這樣的問題，而是問一個形上學問題：這世界的最根本存在是不是物體（thing）？用物理學的語言為例，世界最根本的存在有費米子和玻色子兩類，前者包含夸克、電子、輕粒子等，後者包含光子、膠子、希格斯玻色子等。這些基本粒子能不能再被分解成更小的粒子是經驗問題，有些物理學家認為世界是由一些最小的粒子組成。基本粒子沒有內部結構，不是由其他粒子組成。除了光子、膠子和重力子之外，都具有質量，也占有一定的空間。簡單來說，它們是很小的具體物體（concrete objects），哲學家稱之為實體（substance）或實存（entity），是獨立存在的事物。如果世界沒有底，意謂任何粒子都有內部結構，因此可以再被分解成更小的粒子，可以一直無限分解下去。這兩種觀點無法用邏輯分析定勝負，兩種看法在邏輯上都可以成立。

唯物論或物理論主張世界是由物質構成，除此之外沒有別的。世界是否有底都與物理論相容。對有底的世界觀而言，物理律是關於基本粒子之間的關係和運動；對沒有底的世界觀而言，因為沒有所謂的基本粒子，任何粒子之間的關係和運動的規律都稱不上是基本物理律。在沒有底的世界觀架構下，物理律可能比粒子更基本。粒子是具體物體，物理律是抽象觀念。用柏拉圖（Plato）的話來說，粒子是殊相（particulars），物理律是共相（universals）。粒子在我們的經驗世界中，物理律在觀念世界或形式世界裡。觀念或形式世界才是真實的世界，感官經驗世界只是真實世界的摹本或映象，這樣的觀點叫做柏拉圖主義（Platonism）。沒有底的世界觀可能導致柏拉圖主義。

在西方哲學史上，不乏支持無底世界觀的哲學家。前蘇格拉底時期的赫拉克利特（Heraclitus）主張萬物永流轉，沒有靜止不變的實體。構成世界的根本材料不是物體，歷程（process）才是最基本的存在。赫拉克利特有名的一句話是「不可能將腳伸進同一條河流兩次」。河流不是固定不變的，永遠在變化中，第二次將腳伸進去的河流已經不是同一條了。美國重要哲學家懷海德算是歷程形上學的代表人物。懷海德認為歷程才是真正的實體，不占有特定時空點，而存在於擴延時空中的歷程；而一般認為是具體的物體，對懷海德而言反而是從歷程抽離出來的抽象存在。這種說法與常識顛倒。通常說歷程或性質是抽象的、物體是具體的。將此說法和上面談到無底世界觀相比較，世界是無底的說法似乎隱含了物理律是具體的，而粒子反而是抽象的。這是為什麼我說無底的世界觀會導致柏拉圖主義。

世界是由物質構成的嗎？

世界是不是由物質構成？這是一個在哲學和科學都很重要的問題。哲學家用概念分析和邏輯推理來支持其主張，科學家則尋找經驗證據來證明假說。以笛卡兒為例，看哲學家怎麼處理這個問題。

首先笛卡兒認為所有物質都是廣延的，占有空間中的特定範圍。一般會說「我的身體在臺北」，而不是「我的心靈在臺北」，心靈顯然不占有空間，沒有長寬厚，也沒有質量，所以心靈不是物質。再者，笛卡兒認為可以懷疑物理世界的存在，可以設想有一個天才惡魔欺騙我們，讓我們誤以為所在的這個世界是真實的，世界其實不存在。儘管可以懷疑一切的存在，但是不能懷疑「正在懷疑」這件事。我們可能被天才惡魔欺騙了，但是正在被騙的我們，也就是正在思考世界是否存在的我們必須存在。那個思考的我們不是物理的，因為所有的物理事物都是騙局的一部分，因此心靈／思考的我們不是物理的。依此笛卡兒推論世界存在非物質的心靈實體。笛卡兒的二元論就是這樣來的。

哲學的用處在於透過概念分析與邏輯推理，提供一套概念架構，用以解決問題。我從來不懷疑哲學分析的用處，但是二十世紀的分析哲學卻逐漸讓我覺得思想上窒息了。我在念高中以前，一心夢想成為物理學家，對天文學和宇宙論格外有興趣。浩瀚的星空震懾我的心靈，常常在夜裡看著太空深處，想像那裡發生的事。後來對寫作產生興趣，因此進了臺大哲學系。做了半輩子哲學研究，總是想「要是當年繼續學物理學有多好」。我對哲學的看法起了很大的變化。

最近在阿根廷布宜諾斯艾利斯舉行的一個學術會議上，知名哲學家丹內特說，現代許多哲學家都過於自我陷溺，製造出來的哲學，在這個世界上不值一席之地。這些哲學成了在真空中自我放縱的聰明遊戲，沒有處理任何具實質意義的問題。許多分析形上學的研究論文蓄意地自絕於重要的問題，聰明的哲學學生以構思狡智的反駁論證來炫耀自己。熟悉哲學期刊論文的人都知道，構思這些狡智的反駁論證不需要專業的技術訓練，也不需要經驗知識。結果哲學成為社會的奢侈裝飾品。丹內特嚴厲批判今天的分析哲學。他的這些意見，總算還給在臺灣從事哲學研究近三十年的我一點公道。

我於一九八〇年離開臺灣，前往美國印第安那大學學習哲學，當時最有興趣的領域就是心靈哲學。在求學的過程中，我逐漸瞭解要研究心靈哲學，如果不懂一點心理學與認知科學，真的就像丹內特所說的，只是在學習構思狡智的反證，即使拿到博士學位，會變成不懂任何科學、不知道任何經驗知識的今之古人。臺灣出去學哲學的很多學生就是做「純」哲學研究。這些人如果認真想一想，應該會有「哲學只是社會的奢侈裝飾品」的感覺。我在當研究生時就意識到這個危機，因此申請進入認知科學博士學程和電腦科學碩士學程，同時學習哲學、認知科學和電腦科學，奠定了認知科學和人工智慧的知識基礎。

如果不想只做語言與概念分析，希望能解決有意義、有用處的問題，研究心靈哲學必須採取跨領域的方法。當我離開中央研究院，應中正大學林清江校長邀請創辦哲學研究所時，我心中的藍圖就是一個跨領域的哲學研究所。因此和加州大學回來的曾志朗，以及從俄亥俄州立大學回來的戴浩一，三個人合創臺灣第一個認知科學研究中心。二〇〇三年應陽明大學吳妍華校長的邀請，我加入神經科學研究所，並於五年後創立心智哲學研究所。神經科學研究所給我學習神經科學的珍貴機會，心智哲學所也認真地邁向跨領域的方向。有一天我突然發現，臺灣的哲學圈早已流傳不友善的批評，說我所做的研究不是哲學。我其實也不在意這樣的批評，因為走出臺灣，國際上一流的心靈哲學學者無不從跨領域觀點研究心靈與意識。我唯一在意的是這些傳言誤導了很多研究生，使得許多優秀學生沒有機會學習跨領域的哲學研究。即使我已有認知神經科學和人工智慧的背景知識，但是近年來左碰右碰，總覺得意識研究的關鍵在物理學，因此又很認真地做物理學的學生。

來看物理學家怎麼看世界。上世紀七〇年代物理學逐漸形成一個標準模型，根據這個模型，世界是一組有限數目的基本粒子和四種力構成。基本粒子分成夸克和輕子兩個基本型。夸克又分成三代：上夸克和下夸克、魅夸克和奇夸克、頂夸克和底夸克。輕粒子一樣分成三代：電子和電子微中子、渺介子和渺介子微中子、陶子和陶子微中子。四種力分別是電磁力、強作用力、弱作用力和重力。除了重力之外，其他三種力已經實驗確證是粒子交換而產生。電磁力是交換光子；強作用力是膠子；弱作用力是W和Z玻色子；物理學家預測重力是交換重子而產生，不過尚未獲得證實。光子、膠子、W和Z玻色子都屬玻色子類。強作用力是將質子、中子以及在質子與中子內的夸克綁在一起，以形成原子核。弱作用力則與放射性有關，電磁力的作用範圍無限大，遍及全宇宙，作用在帶電荷的粒子。標準模型還預測應該存在希格斯玻色子，以解釋粒子的質量。歐洲核子研究組織（CERN）於二〇一二年宣布ATLAS和CMS二個實驗發現希格斯玻色子，證實標準模型的預測。希格斯玻色子是希格斯場激發的結果。希格斯場就像蜂蜜之海一般，粒子在蜂蜜海中運動，會受到蜂蜜的阻礙，這個阻礙度就是質量。

在哲學上，「唯物論」比「物理論」早被使用，用來主張世界是由物質構成。不過從牛頓（Isaac Newton）以來，「物質」這個概念不停地發展，例如粒子不再是很小的，占有空間的物體，而是量子能量的一種型態，或者是量子場的激奮。物理學上「場」這個概念與占用空間的物體差異很大，「場」還是不可見的東西。因此當代哲學家多採用「物理論」，用以主張世界是物理學所描述的物理世界。不過今天的物理學千奇百怪，物理學家不只數學厲害，想像力也驚人——五度空間、十一度空間、蟲洞、奇點、多數宇宙、黑暗物質等，恐怕早已超越哲學家的概念架構，很難再用傳統的「物質」概念來瞭解今天物理學所提供的世界圖像。

不過上面介紹的標準模型還是可以嵌入唯物論的架構，支持世界是由物質構成的形上學主張，四種力雖然有些「神祕」，畢竟還是可以化約到粒子的交換。不過，為理解希格斯場為基本粒子帶來質量這樣的說法，就得使用「場」來解釋質量哪裡來。

所以如果物理論以物理學做為世界的標準描述，那麼物理論和唯物論可能會在某些觀點上決裂。因此在本書中，我選擇「物理論」這個概念，允許世界觀隨著物理學的發展而有所調整。

比粒子更基本的？

世界真是由標準模型的十六種粒子，加上希格斯玻色子組成的嗎？故事好像沒有那麼簡單。物理學家的腦袋實在令人歎為觀止，其想像力之豐富超過任何怪力亂神——我常告訴學生，如果覺得世界很神祕，不必到宗教裡面找答案，物理學所描繪的世界就夠「千奇百怪」，絕對可以滿足你的好奇心——量子力學說明我們觀察到的世界和真正存在的很不一樣，我們的經驗世界中，所有東西是離散的，也就是說，一個個分開存在在空間中的東西。在次原子的微世界中可以看到粒子，但世界本身果真是粒子構成的嗎？

事實上，世界本身是所有可觀察的可能性的加疊，用薛丁格（Erwin Schrödinger）的話來說，加疊成波函數。波函數描繪了世界所有的可能性。薛丁格方程式表達了波函數在時間中的演變。觀察世界時，波函數就崩現出離散的世界，也就是我們觀察到的世界。簡而言之，粒子是我們看到的東西，所有可能世界的加疊才是世界本身。

以「薛丁格的貓」來說明什麼是所有可能世界的加疊。設想一個密閉的盒子中，有一隻餓扁了的貓，盒中有一個裝置，包含一個放射性元素。放射性元素有半衰期，假設半衰期為五分鐘，五分鐘之後這個元素衰變的機率為〇・五。如果這元素衰變了，裝置會釋出一塊劇毒魚肉，貓會吃它，然後瞬間死亡。五分鐘過去了，薛丁格問：現在貓是死、是活？常識上的回答是「貓不是死了就是活的」。正確答案卻是：在打開盒子觀看之前，貓是既死且活。打開盒子後，貓就只有一種可能，不是死了就是活著。薛丁格想要說明的道理是，沒有觀察盒中貓時，兩種可能同時真實存在。但是我們的經驗世界中卻只有其中一種為真，貓完全不可能同時是死的又是活的，所以世界本身是兩種可能性的加疊。只要機率不是零，在世界本身中都真實存在。

粒子做為最根本的存在會遇到幾個難題。哲學家庫樂曼（Meinard Kuhlmann）在《科學美國人》寫了一篇文章〈什麼是真實的〉，認為世界恐怕不是由粒子或場所構成。從希臘到牛頓，粒子是像很小的撞球一般，在空間中占有確定位置。不過量子場論證明粒子沒有確定位置。例如身體的粒子可能不在身體中，而在宇宙任何地方。再者粒子的位置是相對的，對我而言有確切位置的粒子，對他人而言，可能散布在全宇宙。粒子的數量也會產生悖論。例如如何計算你住的公寓有多少粒子？量子場論發現，每個不同房間的粒子數量之加總不等於公寓整體的粒子數。要算房子內有多少粒子，必須同時計算所有房間的粒子數，不能分開。儀器可以偵測到真空中有許多粒子，而且是否真空也和觀察者有關，對我而言是真空，加速通過真空的人卻會發現自己正穿越含有無數粒子的暖流。

如果「真空還充滿粒子」是荒謬的，一定是粒子的古典觀（占有確定空間位置）誤導我們。如果粒子的數量因觀察者而異，「粒子是最根本的存在」便是矛盾的說法。粒子會被吸收同化到系統中，而失去與其他粒子做區別的身分。當粒

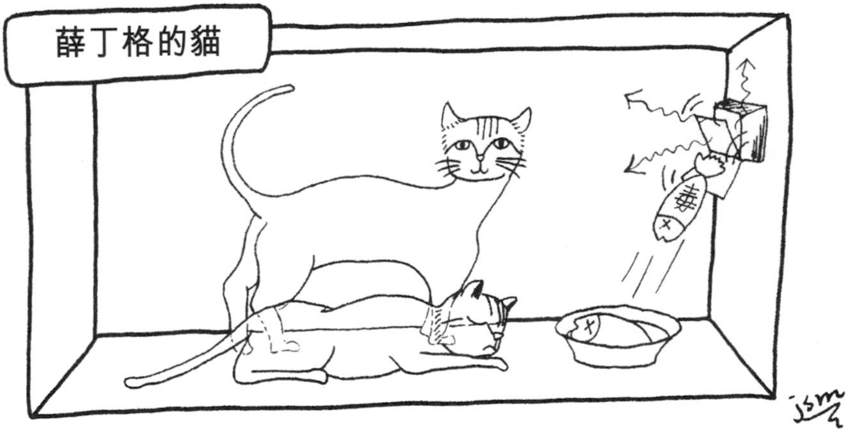

子糾纏（entangled）在一起，我們便無從區辨它們。糾纏系統是不可分割的整體，在其中部分或零件失去它的意義，因此最根本的存在不是粒子。那有什麼東西比粒子還根本？粒子從哪裡來？

最基本的存在是場嗎？

如果世界不是由粒子構成，最基本的存在還有什麼選項？如果粒子只是觀察的結果，那麼實在世界是不是由場構成？在量子力學中，粒子被視為能量包，足以讓場產生振動，是量子場的微小振動（vibration）。粒子之間的作用等於不同的場的結合。任何粒子都有一個場，例如電子有電子場、夸克有夸克場、希格斯玻色子有希格斯場。有些粒子如光子不會和希格斯場起作用，因此沒有質量。有質量的粒子有輕重，重的粒子會衰變為輕的粒子。從場的觀點來看，重的場會衰變成輕的場。

什麼是場？場像看不見的液體，充滿空間，在空間中的每一個點，都被賦予一個數值或向量值。先來看日常生活中的場。氣溫場指定給每個城市固定的溫度值；風場則指定給每個空間點風速值及方向值，風速值和方向值構成一個向量。古典「場」的概念如馬克士威（James Clerk Maxwell）的電場、磁場和電磁場，指定一個物理數值給空間中的每一個點。在量子場論中，場並不指定物理量給時空中每一個點，而是指定抽象的數學實體，這個數學實體代表可以操作的測量。換句話說，用運算式取代物理值，例如微分或平方根（√）。用天氣圖為例，古典場指定所有的城市一個溫度值，量子場則是指定狀態向量的平方根給每個城市，狀態向量代表系統的狀態，因此每個城市並沒有一個固定的溫度值，而是一組可能的溫度值。每個城市實際上的氣溫是幾度，要由狀態向量的平方根來決定。狀態向量描述整個天氣系統的結構與型態。它是全盤性的描述系統整體，不是區位性的。氣候系統是量子系統、糾纏系統，整體一起運作，如果將它化約到部分，光就一個城市來看，我們會得不到正確的溫度分布。

在量子力學中，粒子沒有確切的位置，不能被確立在特定的時空點。場像不可見的液體，充滿空間，而粒子只是場的漣波。以海洋來譬喻，量子場就如同大海，看到波浪時，那道浪頭就代表粒子。平靜海面要起波浪需要能量，足以產生波浪的能量包就是粒子。愛因斯坦曾試圖統一電磁力和重力，證明這兩種力其實是一個更基本力的不同面貌，不過愛因斯坦並沒有成功。相對論處理大世界，量子力學處理次原子的小世界。眾所周知，這兩套各自都相當成功的理論卻相互矛盾。量子理論的加入，使電磁力和重力的統一更形弔詭。處理大世界的相對論可以應用在微觀的量子世界嗎？統一場論、萬物理論、量子重力理論或弦論，都試圖找出一個同時適用在大世界與小世界的理論。

古典的場由空間中每個點的物理量所構成，本體上它是物質的。量子力學中的場雖然沒有固定的物理量，只是一組物理量的機率，本體上仍可視為物質。但是在量子場論中，空間中每一個點的值是抽象的數學運算，必須結合系統的狀態向量才能得到機率。狀態向量是整體性的，它描述系統整體，而且沒有確切的空間位置。庫樂曼認為這讓我們陷入存在的迷霧中，因為在量子力學中，你可以想像場就好比大海，粒子就如同波浪在空間中傳送。在量子場論的世界中，場變成抽象的運算結構，它到底是不是仍可稱之為物質？答案不是那麼明確。這開啟了一個可能性，即場不是物質。加州理工學院的物理學家卡羅（Sean Carroll）認為萬物皆由場構成。所有的粒子都是場，只是場的振動。可是如果場不是物質，我們得到一個圖像：物質世界的基礎是非物質的場。哲學上唯物論和物理論得面對一個很不友善的異例。也許人們可以說，如果世界是物理的，而場不是物質，則場應該不是世界最基本的存在，而是更深層的實在界的近似值而已。得再往深層挖，才能觸及世界的根本存在。

It from Bit：一切從訊息來

物理學家碰到「世界的根本存在是什麼」這樣的問題時，其實也與哲學家感到同等的混亂與困惑。有人說物理學家是馴服的形上學家。相對而言，哲學家比起來更野、更不受拘束。惠勒（John A. Wheeler）是大師級的物理學家，家喻戶曉的黑洞、蟲洞這些詞就是他創造的。他與波耳（Niels Bohr）共同提出核融合理論，也與愛因斯坦合作發展了統一電磁力與重力理論。他不僅是物理學家，也是不受拘束的哲學家。他帶出許多很有成就的學生：費曼（Richard Feynman）得了諾貝爾獎；索恩參與《星際效應》電影製作，擔任科學顧問；埃弗里特（Hugh Everett）是多重宇宙觀的開創者。

惠勒在他的自傳《重力電磁體，黑洞與量子泡沫》中，將自己的一生分成三個階段，代表三個對根本存在的不同看法。第一階段是「萬物都是粒子」；第二階段是「萬物都是場」；第三階段是「萬物都是訊息」（information）。從他的自傳可以看出，惠勒一生最關心的問題是：世界的根本存在是什麼？他和許多科學家、哲學家一樣，從粒子世界觀開始發展本體論。很多人到「萬物都是場」就卡住，因為再往前，就要脫離物理論的形上學了。二元論或唯心論對大部分的科學家而言，是不可承受之重。惠勒很不一樣，思想愈怪異愈迷人。他說：「如果今天你尚未發現奇怪的事物，那你今天是白過了。」存在的本質是他最著迷的問題。當他知道自己罹癌，生命所剩有限，從此只做最重要的事，就是問存在是什麼？什麼是世界最根本的存在？

惠勒說：「沒有空間，沒有時間，沒有重力，沒有電磁，沒有粒子，一無所有。我們又退回到柏拉圖、亞里斯多德、帕米尼德斯所困惑的偉大問題：怎麼會有宇宙？怎麼會有我們？怎麼會有所有東西？很高興對這些問題我們可以回答說：那是因為我們。」「『it from bit』意謂物理世界中的所有東西，終極上源自於非物質，即所有物理事物源自訊息。宇宙是參與式的宇宙。」惠勒認為宇宙的存在是因為我們參與其中。我們不是旁觀者，世界不是客觀存在，而是由我們的經驗所創造。惠勒一生從物理論者一步步走向唯心論。

惠勒的「萬物源於訊息」概念意謂著物理學不是研究客觀世界。沒有一個一直存在於那裡的世界可以研究、瞭解。物理學研究的是我們觀察到的世界。觀察是什麼意思？觀察是用感官或其他工具來測量對象，因此產生訊息。物理學是關於這些訊息的研究，訊息就是實在界，就是世界，世界並非獨立於訊息的存在。

不做觀察時，粒子在哪裡？在做什麼？惠勒認為這問題沒有意義。不觀察時，我們只知道粒子在許多不同地方的機率。當我們觀察時，粒子卻只在特定位置出現。就像薛丁格的貓，不打開盒子看時，貓既死且活；打開盒子看時，貓是活的就不會是死的。世界是觀察的結果，我們參與了這個世界的生成變化。

「一切都源於訊息」到底是什麼意思？觀察世界時，感官或儀器會登錄觀察結果。所有命題都有真假值，一個命題不是真就是假。盒中之貓在觀察前真與假同時成立，一旦打開盒子，觀察儀器就會登錄真或假。這是一個二元選擇。一個比特（bit）不是零就是一，不可能既是零也是一。因此惠勒說任何東西（it）其功能、意義與存在均源自零或一，就是比特，也就是訊息。表象上看起來是連續的世界，其本質都是離散的零或一組成的訊息。連時間都不是存在本質的一部分，時間得由訊息導出，空間亦然。時空都在訊息中，都在我們的觀察經驗中，時空並非獨立於我們的經驗存在。它在我們的經驗裡，我們從經驗推導出時空。

惠勒提出了一個「延遲選擇實驗」，證明世界不是客觀地獨立於我們的意識存在。這個實驗是大家都很熟悉的雙狹縫實驗的微小修訂版。雙狹縫實驗證明粒子通過雙狹縫時，會產生干涉現象。即使只發射一個電子，電子應該走其中一個狹縫。事實發現，電子通過兩個狹縫，因為產生干涉現象。一個電子走兩條路徑，如何可能？只能說電子以波的方式存在，就可以解釋它同時走兩條路徑。現在擺一個儀器在雙狹縫板之前，在電子通過狹縫前觀察它會走哪一個狹縫，結果干涉現象消失了。這是因為電子被觀察後不再是波，而變成粒子。粒子只走一條路徑。現在來修改一下實驗設計，將觀察儀器置於雙狹縫板之後。電子以波的方式通過了雙狹縫後再觀察它，結果干涉現象也消失了。這如何可能？電子已經以波的模式走了兩條路徑，似乎必須回到過去，再「決定」以粒子模式再走一遍。簡單來說，可以在事件發生之後再做「選擇」，改變過去已發生的事。這個實驗顯示世界不是客觀的，是主觀觀察的結果。

觀察者到底是什麼？是有意識的人嗎？或是沒有生命的裝置，例如相片膠卷，可以登錄光子的存在？如果無生命裝置也算觀察者，那麼任意兩個物理系統之間的交互作用，都算是觀察。物理學家潘羅斯就是持這種看法，他稱之為波函數的客觀崩現；惠勒則認為觀察者是有意識的主體。在延遲選擇實驗中，惠勒認為在觀察前電子到底是粒子還是波，這樣的問題沒有意義，電子是粒子或波全賴我們如何去觀察。我認為物理裝置本身無所謂觀察，它做為人的工具是意識的延伸。只有在人使用工具去測量一個電子時，才能有意義的說電子是粒子還是波。

惠勒的訊息概念源自於向農（Claude E. Shannon）的訊息理論。對向農而言，訊息指傳送一個訊息需要的比特量。例如每個比特不是零就是一。三個比特可以有八個不同的組合，因此三個比特可以傳送八個不同的信息。例如（0, 0, 0）、（0, 1, 0）……（1, 1, 1）。其次，也可以說訊息就是用來測量不確定的熵（entropy）。不確定性或亂度愈高，訊息量愈大。

物理學家巴伯（Julian Barbour）認為這個意義下的訊息只是符號與機率，脫離它們所表徵的事物後，本身並無意義。所以向農的訊息理論只是關於形式符號的傳輸，並不滿足惠勒所需的訊息概念。日常語言中的訊息其實是事實內容，不是比特。另外，巴伯提到第三種訊息概念：內存的語意訊息。地質學有時間膠囊的概念，指化石、岩石等物。化石或岩層本身封存了過去的歷史記憶，地質學家可以「閱讀」其中的訊息。不過這些時間膠囊都是物體，不是比特。巴伯認為應該是「bit from it」而不是「it from bit」。

我認為惠勒的訊息概念有別於向農的概念。向農的訊息是被動的、消極的訊息，本身沒有內存意義，而要依賴有意識的觀察者賦予意義。惠勒的訊息是萬物之源，空間、時間、重力、電磁、粒子等，都從訊息而來。如果訊息沒有內存意義，要靠行為者給予，那麼行為者才是萬物之源。這與「it from bit」大相徑庭。主動訊息是歷程，不是事物、狀態或性質。訊息不是被觀察的對象，非存在於意識之外，也非意識之內。它是產生這世界萬物及意識的基礎，是最根本的存在。既非物質，也非心靈，而是物理世界與心靈的源起。

莊周夢蝶：哪一個世界才是真實世界？

《莊子．齊物論》有一個故事，說莊周夢見自己變成一隻蝴蝶，「栩栩然蝴蝶也」，全然忘了自己是莊周。醒來發現自己還是莊周。不過想一想，「不知周之夢為蝴蝶」，還是蝴蝶之夢為莊周？在第四章談動物意識時提到，莊周不可能知道蝴蝶的感覺像什麼，所以問題不是莊周到底是人還是蝶，真正的問題是夢境與實境哪一個才是真實的？

人為什麼作夢這個問題一直困惑著科學家與哲學家，直到晚近，神經科學才有比較清楚的瞭解。睡眠時腦並不安靜，它忙著清除垃圾訊息和沒有用的神經連結，並且強固白天的記憶。上世紀七〇年代，霍布森（Allan Hobson）和麥卡利（Robert McCarley）首先提出激活綜合理論，解釋夢的發生。在快速眼動（REM）睡眠期，腦幹迴路會激發，連帶杏仁核、海馬迴及周邊系統中與情緒、感覺和記憶有關的腦區，也會開始活動。腦因試圖綜合與解釋這些活動，就產生夢境，內容通常不合邏輯、千奇百怪，大多也不會形成記憶。至於為什麼作夢？作夢的用處何在？夢的內容有什麼意義？這些問題都難以回答，至今在學界尚無定論。

在這裡要關心的不是夢如何發生、有何作用，也不探討夢的內容有何意義。夢中所看見的事物，不是由外界刺激視網膜與視覺皮質區而產生的視覺內容，夢中所見純由視覺記憶激發形成，在內容豐富程度與生動性上，和清醒之視覺有很大的差異。感覺經驗在當下最清晰與生動，解析度最高，其次是作夢，再其次是回憶。為了論述目的，假設與當下經驗一樣清晰生動的夢稱為完美的夢，你能區辨完美的夢與真實的當下經驗嗎？在夢中通常不會知道自己在作夢，完全當真的一樣。如何確定現在是清醒的，而不是在完美的夢中？相信讀者和我一樣，答案是夢與真實難分難辨。莊周的確可以陷入形而上的困惑：莊周的夢與蝴蝶的夢讓他難以確定他是莊周還是蝴蝶。

笛卡兒在《沉思錄》中用夢來論證對外在感官世界的懷疑論，包括自己身體的存在。如同在完美的夢中一般，笛卡兒認為我們無從區別真實與夢境。夢中的經驗可以非常真實，而且人很少在夢中即意識到自己是在作夢。也許我們的一生是一個長長的夢，卻誤以為真實。

擴充實境與虛擬實境

最近全世界流行手機遊戲「精靈寶可夢 Go」，這是擴充實境（AR）科技的應用。擴充實境是在真實環境中加入聲音、人物，或其他可以用電腦程式創造出來的東西。「精靈寶可夢 Go」用手機螢幕呈現擴充實境，讓使用者看到附近有精靈。除了精靈之外，螢幕顯現的就是使用者當下身處的場所。因為遊戲使用手機螢幕，所以使用者很清楚精靈都是假的，即使玩得入神，也不會分不清實境與虛擬。未來在技術上可以改良到不用手機，而用一般眼鏡大小的目鏡，置入微電腦於鏡架內，使用者戴上目鏡就可以看到擴充實境。擴充影像完全與真實事物一樣。使用者透過目鏡所見，難以分辨真實與虛擬。這樣的擴充實境不僅可以玩遊戲，還可以解決很多個人問題。例如孤單度過情人節，怎麼辦？下載一個情人和情人節軟體，將孤零零一個人在家用餐的寂寞，擴充為有情人相伴的情人節晚餐。不但可以和虛擬情人聊天，甚至聞得到虛擬情人的香水味等。擴充實境部分是虛擬，大部分的環境背景為實境。設計好的話，使用者分不清虛實，可以以虛亂真，如同真有情人般歡度佳節。

虛擬實境（VR）則完全是虛擬。雖是虛擬，但是技術上可以讓使用者如同身歷實境，有聲光、香味、觸感，在感覺知覺上與實境沒兩樣。使用者如同置身現場，甚至可以和虛擬的人物或景物互動。與用電腦模擬的人握手，感覺和真人握手沒兩樣。在虛擬實境中，除了使用者之外都是假的。跨國公司開會可以使用虛擬實境技術，利用遠端臨場（telepresence）或遠端存在（tele existence），將世界各地的幹部投射到會議現場，召開會議。這樣的技術指日可待，很快就會出現在日常生活中。

虛擬實境和完美的夢有相似性，兩者都不是真的接收到外來感官刺激。夢是由腦幹激發，帶動周邊系統和相關記憶的激發。虛擬實境也是透過電腦模擬，刺激相關腦區，以創造虛擬的感覺知覺。在上節討論到完美的夢和真實難以分辨，笛卡兒甚至以夢境中的感官世界無法與真實區別，來懷疑世界的真實性。若笛卡兒再世，會不會說「人生只是一個長長的虛擬實境」？

活在電腦模擬的世界嗎？

在電影《駭客任務》中，人類被囚禁在機器中，大腦則連接到一個超級電腦，其中的電腦程式創造了一個模擬的世界「母體」（matrix），在這個模擬的世界中，所有感覺經驗如同真實世界。除了少數反叛者，幾乎所有人都活在模擬世界，而且不知道他們所知所覺都是由電腦程式產生的。換言之，一切都是假的。反叛者以莫菲斯為首，找到超級駭客尼歐，把他從模擬世界帶回真實世界。尼歐原來就是救世主（The One），知道真相後，他試圖回到模擬世界去摧毀程式，拯救人類。

與虛擬世界相較，模擬世界的虛擬程度和範圍更強大。虛擬實境發生在真實世界的一個角落，使用者可以進出虛擬世界，可以比較虛擬與真實。模擬世界則是全面性的。《駭客任務》中的人物可以進出母體的世界，但那只是電影情節上的安排。事實上，在模擬世界中一切都只是軟體，無所謂進出。《駭客任務》中的人類被畜養在桶子一樣的容器中，讓我想起當代最重要的哲學家之一普特南的「桶中腦」論證。設想有個人的腦被取下來，置於培養皿中，維持腦的生命。腦的感覺知覺區連結到一部大電腦，模擬這個人的生活世界。腦從模擬程式接收到所有外在世界的訊息。它也能透過程式，運動身體，從事所有日常生活活動。總的來說，腦活在栩栩如生的虛擬實境中。普特南認為「我們是桶中腦」必然為假，因為如果它為真會得到矛盾。如果「我們是桶中腦」為真，則我們必須能夠區別實境與虛擬實境；可是如果我們真的是桶中腦，卻不會知道自己在虛擬實境，因此產生矛盾——如果我們是桶中腦，則「我們是桶中腦」這命題是假的。《駭客任務》中的角色不斷進出虛擬實境，而且知道自己在虛擬實境中，這對普特南而言是矛盾的。

現在來看更極端的可能性，我們所生存的世界可不可能只是一個模擬的世界？即世界整體、整個宇宙都是模擬的結果。二〇〇三年瑞典籍的牛津大學哲學家博斯特倫（Nick Bostrum）出版了一篇論文〈你活在電腦模擬的世界嗎？〉，引起相當廣泛的討論。他的論證提到三個命題，其中只有一個為真。

・在發展到「後人類」階段前，人類已經滅亡了。
・先進的人類文明發展出擁有強大計算力量的電腦，但對模擬不感興趣。
・先進的人類文明做了許多模擬，宇宙中的大部分都是電腦模擬的結果。我們這些較早期、較原始的人類是先進人類模擬其祖先的結果。

博斯特倫認為未來人類有可能發展到先進的後人類階段，所以命題一為假。我們有可能是模擬的產物，所以命題二也為假。因此我們有可能活在模擬的世界中。先進人類有可能為了教育後代，告訴他們的小孩人類祖先的生活圖像，因此做了電腦模擬。

天文物理學家史目特（George Smoot）認為我們有可能是其他文明做的模擬。其他文明可能擁有將我們的大腦機制與活動整個上傳到電腦程式的能力，這等於是將所有人的心靈都上傳到電腦。我們不再仰賴大腦，電腦程式足以創造出虛擬的心靈。今天網際網路已遍布全球，七十億人全部上線指日可待。假設電腦的計算力量足夠強，且我們已具備讀取大腦全部訊息的能力，便可創造一個超級軟體，將所有人都上傳到電腦，模擬地球上所有心靈及其活動。假定哪天流行病毒奪走了所有人的生命，實體人已不存在，所有人都活在全球網際網路所創造出來的模擬世界，如同電影《駭客任務》中的母體一般，以為自己仍有肉體，活在真實世界中。在這個模擬世界中人也會老去、死亡，也有嬰兒出生、生物演化等。對活在模擬世界中的人而言，世界並沒有改變。

另一個支持我們活在模擬世界中的理由，是物理學家泰格馬克（Max Tegmark）所主張的「宇宙是數學的」，意即宇宙的終極本質是數學。一切物理律都有其數學結構，宇宙的終極實在可用數學律來窮盡，宇宙由數學構成，除數學之外無他。泰格馬克不只認為可以用數學來描述宇宙，而是主張宇宙就是數學，世界萬物包括我們，都屬於一個巨大的數學「物體」。我們對數學的慣性認知是數字與方程式，其實數學方程式或其他數學表式都有其對應之樣式，例如幾何形狀都可寫成數學方程式。物理世界是一種數學結構，表達成數學方程式。數學結構用電腦科學的語言來說，其實就是程式。泰格馬克的數學宇宙假說等於主張宇宙即程式，宇宙即模擬的世界。

模擬世界與全息投影

雖然無法證明我們真的活在模擬的世界中，但是從夢、虛擬實境到電腦模擬，有許多不完整的證據可支持其為真的可能性。相反地，這個命題卻很難證明為假。道理很簡單，任何證明或證據本身可能是模擬的。這和夢及虛擬實境的情況類似。即使在夢中懷疑自己在作夢，這個懷疑仍在夢中。即使在虛擬實境或模擬世界中懷疑一切不是真的，這個懷疑仍然是虛擬或模擬的。在電影《全面啟動》中，電影角色如何判別夢世界與真實世界？李奧納多．狄卡皮歐所飾演角色其圖騰是陀螺。如果陀螺旋轉不停，那就是在夢中。如果旋轉後停止、倒下，那就是在真實世界。這是電影情節，在現實世界中，作夢的你只有在剛醒來，還記得夢中情節的那一刻，會感到恍恍惚惚，因似夢似真而困惑，下一刻就會清醒過來，知道那是夢。「帶著」一個陀螺到夢中，而且理性地旋轉它以判定是夢還是真，在真實世界中的夢是不可能的。因此若要懷疑我們是否活在模擬世界中，很難不自打嘴巴。在模擬世界中，只有模擬者在世界之外。如果上帝用模擬創造了世界，只有上帝可以在模擬世界外。上帝可不可以進出模擬世界呢？憑祂是全知、全能、全善，應該是可以，不過進出模擬世界對其有意義嗎？

模擬世界需要強大的計算力量和程式。記得前文提到惠勒的格言「萬物源自比特」，惠勒的「比特」就是「訊息」。廣義而言程式就是訊息，程式由比特構成，訊息也是由比特構成。本章從世界由粒子構成討論到場，再到訊息，一步步地遠離唯物論或物理論。別忘了惠勒說過，訊息是非物質的。非物質的訊息如何形成物理世界呢？惠勒並沒有給清楚的圖像。我們可以用DNA做類比。身上每個細胞內都有完整的DNA，儲存所有遺傳訊息，決定身體的蛋白質分布，決定長出什麼樣的身體，甚至決定罹患特定疾病的可能性。基因的訊息由DNA儲存，但DNA本身只是一種生物大分子，是基因訊息的承載體。基因訊息本身是抽象的，是關於生物發育與生命機能運作的藍圖，不是物質。同樣的道理，惠勒的訊息是一種指令，是世界的藍圖，引導世界的生成與變化。從這樣的角度來理解，我認為惠勒的訊息理論是模擬世界觀的基礎與原理。

談到模擬、訊息或程式，可以回想到第五章關於機器人有沒有意識的討論。程式的基本原理是涂林算機，一個能執行加法運算的程式就是一個涂林算機。如果宇宙是一個大程式，等於說宇宙是一個涂林算機。前面說過，涂林算機只能處理離散計算，無法處理連續計算。也就是說涂林算機只能處理自然數，對實數完全沒輒，因為實數函數是連續的。可以找到兩個自然數如三和四，在兩者中間沒有任何其他自然數。但是任何兩個實數，不論其間多接近，恆存在另一個實數。可是物理學的工具是微積分，微積分需要用到實數，不然無從微分。高中微積分課本一定會說只有連續函數才能被微分。除非連續的世界不存在，否則宇宙就不可能是離散的涂林算機。

也許如數學家克羅內克（Leopold Kronecker）說的，上帝只創造了整數，其他的如連續實數，只是人的創造物。連續函數或連續的世界蘊涵無限的概念。在連續的世界中允許無限大存在。有些人認為這概念不可思議，怎麼可能有無限大？高中數學說自然數的集合是無限大的集合。這個集合用筆寫下來永遠寫不完，因為寫得完的話就是有限大。可是這個寫不完的集合是什麼鬼東西？坦白說我也覺得無限大難以想像。不過有些數學家像康托爾（George Cantor），不僅主張無限大的世界中有無限大的東西，而且無限大的東西還有大小之別。例如所有實數的集合是無限大的集合。實數的集合大於自然數的集合，雖然兩個集合都是無限大。康托爾的證明方法叫做康托爾對角線證明。

不相信存在無限大的東西，不認為有可完成的無限大，這樣的思想稱為數學的直觀主義，將無限大概念瞭解成不管多大都仍可更大的概念。以自然數為例，自然數集合為無限大，因為不管多大的自然數恆有比它大的自然數。在此意義下，無限大並非客觀存在，只是我們心中的概念。直觀主義的基礎上建構的數學叫離散數學。如果萬物皆有限，實數概念只是我們的想像。實數概念依賴無限大的概念，如果無限大不真實，實數當然就不真實。這是為什麼克羅內克說，上帝只創造整數，實數是人的創造物，是人為了方便製造出來的概念。康托爾發明無限大的數學目的之一，在以集合論做為實數及微積分的理論基礎，不料受到直觀論者如克羅內克的嚴厲批評，最後因而得了憂鬱症去世。

繞了一圈我想說明的是，模擬世界觀預設宇宙是一個涂林算機，是一個巨大的程式。但如果宇宙是一個涂林算機，宇宙就必須是離散不連續的。這與量子力學相容，量子力學假定世界由離散的粒子構成。連四種基本的力都是因為粒子交換而產生，雖然重力子尚待發現。既然我們身處的世界是這個大程式模擬的結果，這個大程式儲存在哪裡？

柏拉圖的《理想國》中有一個家喻戶曉的洞穴寓言。有一群人被限制在一個洞穴中，互相看不到對方，也看不到任何洞穴中的人事物，只能透過火光看到洞穴牆上的影子。每個人都透過洞穴上的影子來經驗並理解洞穴裡的世界，真實世界就是影子的世界，那是他們唯一的知識來源。柏拉圖的洞穴寓言意味著我們的感官經驗世界就如同洞穴中影子的世界，對世界的真正理解必須透過理性而非感官。但是我想柏拉圖的寓言可以有更深層的意義，即如同洞穴人一樣，我們的經驗世界可能只是另一個未知世界的投射。那個未知世界長什麼樣子？也許實在界或真實的世界就像全息投影（hologram）或全像電影（holographic movie）。

全息投影其實到處可見，例如信用卡上的防偽設計就是利用全像術製造的；有些風景明信片也利用全像術，可從不同角度看到不同的風景；部分DVD和BD也使用全像術，不過這些產品都簡單而粗糙。今天的技術已經可以將過世的影歌星投射到舞臺現場，栩栩如生，彷彿又活過來。美國新聞網（CNN）也曾利用全息投影，將受訪人物透過全像術，全息投影到攝影棚，彷彿真人到了現場。簡單來說，全像術可以將影像儲存在 2－D 平面，利用雷射技術將 2－D 的訊息投射成 3－D 影像。最近日本筑波大學的落合陽一教授及其團隊開發出新技術，讓人可以碰觸到全息投影中的小精靈，感覺像摸到砂紙一樣有粗糙感。全息投影將不僅是光影，在未來，與光影對話、碰觸和聞到氣味等都將成為可能。

有些物理學家認為宇宙是全息投影。我們經驗中的三維空間世界其實是二維真實宇宙的三維投射。二維的訊息是真正的存在。我們的經驗世界有如柏拉圖洞穴牆上的投影。這樣的主張有其物理學上的道理。眾所周知，黑洞具有無限大的重力，任何東西只要「掉入」黑洞就永遠出不來，但訊息不可能消失。一本書「掉入」黑洞時，會被徹底粉碎，但是書中的訊息不會消失。訊息到哪裡去了？

物理學家貝肯斯坦（Jacob Bekenstein）和霍金（Stephen Hawking）證明，對黑洞而言，訊息的儲存能力不是由它內部的大小決定，而是它的表面範圍。訊息儲存在事件視界（event horizon）的表面嗎？從外面往黑洞看，似乎可以說訊息就存在於事件視界。事件視界像球狀「體」（嚴格來說不是「體」，而是界限）。物體從四面八方飛向黑洞，只要越過事件視界，就再也出不來。但是訊息留在事件視界的球狀表面。弦論（String theory）的先驅者之一，被暱稱為「物理學界壞男孩」的史丹佛大學物理學教授薩斯金德（Leonard Susskind）和諾貝爾物理學獎得主特胡夫特（Gerard't Hooft），認為事件視界發生的事情就如同一個全息投影，像上演一場電影一樣。而掉入黑洞的東西就如同這個全息投影所創造的三維影像。薩斯金德進一步主張，這樣的現象不只發生在黑洞，事實上，三維空間宇宙是被二維球形平面所包覆。這個二維球形平面就是宇宙的事件視界。宇宙的事件視界就像一片外膜包住了宇宙，是宇宙的「邊界」，儲存了關於宇宙的所有訊息。這兩位傑出的物理學家告訴我們，因為宇宙的所有訊息都存在於宇宙的外膜，我們有理由說，這層膜的表面就是實際發生基本物理歷程之處。宇宙內部的一切都只是全息投影而已。

靈魂不朽

宇宙的訊息不會消失，一直儲存在宇宙的表面膜層，我們的世界只是全息投影。儲存在宇宙外膜表面的訊息，如同一個超級大程式，包含了宇宙所有事物以及一切物理歷程原理的訊息。在前面章節，我請讀者想像一個可能性：人工智慧學家將地球上所有人的心靈上傳到電腦，加上電腦中的程式，完全模擬地球上的生活，上傳後不久發生意外，傳染病殺死了所有人。我們都還在嗎？死了嗎？在模擬的世界中，無從辨別真實與模擬，一如往常生活。然而心靈還在嗎？我們是真實的嗎？

現在場景換成宇宙整體。根據薩斯金德和特胡夫特等一些物理學家的看法，我們只是宇宙外膜表面的全息投影，一個模擬的世界。假定有一天宇宙內的全息投影全部毀滅了，但是膜上的全像訊息依然完好，上帝決定重新啟動這個大程式——如果不喜歡「上帝」這個概念，可以換成任何「萬能的神」之類的——再度模擬宇宙萬象。一樣的問題：原來宇宙中的我們都死亡了，重新跑涂林算機，宇宙重來一次，我們又在新的全息投影中再現，我們算死了還是活著？

如果宇宙是模擬，只是程式，是全息投影的結果，程式可以重新啟動、一跑再跑，我們會一次又一次出現在不同的經驗世界。程式只有一個，但是可以跑很多次。這是不是意味著靈魂不朽？

從啟蒙運動以來，西方世界就朝向俗世化發展。科學家用盡全力想將宗教驅逐到科學領域之外。靈魂若能不朽，神性似乎就一腳跨進了門口。一般人面對死亡的恐懼，自然會有來世的想像，不希望死了就灰飛煙滅。如果有來世，便可安頓心靈。畢竟死亡可能是一條絕對孤獨的路，如果有來世，至少存著一點希望，不需要死後獨自面對一片未知世界。如果程式可以一再重啟，如果關於自己的一切訊息永遠存在宇宙外膜，即使肉體崩毀，靈魂永不朽。

沒想到啟蒙到了二十一世紀，物理學開啟了西方自然神學的可能性，以物理學的理論和觀察為基礎，設想這世界背後或許有一未知的力量，主宰宇宙的存在與運行。事實上，薩斯金德也認為宇宙的產生與發展需要外來力量的參與，至於這個超級力量是不是神？就不是物理學能回答，而屬於自然神學的問題。當然也可以不訴諸外在的超級力量，而主張儲存於膜上的訊息具有主動性，而非被動性的訊息。被動性的訊息或程式需要一個設計師（上帝？），但是主動性訊息有自發能力，是抽象的非物質東西。但是主動性訊息又是什麼？是心靈嗎？是意識嗎？下一章我們從哲學角度來探索這個問題。

第九章

『一即多，多即一，世界本一體』

宇宙很大，大到難以想像，因為我們對那麼大的世界毫無經驗。在沒有光害的山上，我常常凝視星空，想像太空深處的模樣。通常當然是想不通，腦中浮現的只是物理學教科書教給我的圖像。有時候可以看到輪廓清楚的銀河系，書上說其直徑約為十萬光年。相對來說，銀河系仍算是較小的星雲，但很神奇的是，我竟然可以看到一個這麼巨大的東西，一整個銀河系就這樣映入我的眼簾。這是因為每個人身上都有這一套神奇的裝置，可以接收光的訊息。光可以旅行大半個宇宙來到地球，帶給我們遙遠星系的視覺。

雖然可以用肉眼看到一大片外太空的繁星與雲系，然而我們通常都只覺知地球表面的事物。很多人可能許久沒有抬頭仰望星空，將自己的注意力侷限在地球表面，甚至侷限在城市的某一角。不論世界多大，我們都依賴自己對世界的理解在生活。人生活的世界既非大到像星雲或整個宇宙，也非小如分子或原子，而是所謂中型物體的世界，意即肉眼可見的東西。生活中的最小東西大概是細菌吧？不過除非透過顯微鏡，否則它只是一個概念，而非肉眼可見之物。

在大部分情況，每個人都有一套俗民物理學，解讀物體之運動及互動。大致上都有用，因此不用太深的學問就可以過日子。碰到不確定的事，例如出海捕魚是否能平安回來，訴諸宗教、求神保佑，也就解決了問題。不過當世界放大到地球以外，俗民物理學就沒輒了。外太空的世界無涉日常大小事，編個宗教故事，談個怪力亂神，大家聽聽彷彿也就有解。但是如果你恰好受過良好的通識教育，又有足夠的好奇心，就不會滿足於俗民物理學。

普通物理學通識課教授牛頓力學，用以解釋地球表面和近太空（如太陽系）內的種種物理現象。小至蘋果（或更小），大至太陽系，牛頓力學似乎可以解釋所有的物理現象。當然物理學家很清楚，牛頓力學在這個尺寸範圍內，仍存有一些異例，例如尚無法精確預測水星的運行軌道，牛頓力學也無法找到物理量來區別絕對靜止和等速運動。

不過牛頓對當代物理學有一個鮮少被提及的重大貢獻，即公理化物理學系統。國中時一定學過歐幾里得幾何學。少年時期的我對歐氏幾何簡直是著了迷，天天都試著解開幾何三大難題之一，即限制使用圓規和直尺去三等分一個角。歐幾里德幾何學先假設五個公設，公設是假設為真、自明不需證明的命題。例如公設一說兩點之間一定可以構作一直線。其他定理都可以由五個公設用演繹方法證明。牛頓仿歐幾里德幾何學，以三大運動定律為公理，用數學演繹方法推導出其他物理律。和幾何學不同的是，物理律還需要通過經驗證據的檢驗。如此一來，物理學成為如數學般嚴格的系統性理論。

不過對牛頓力學而言，更大的麻煩則是當世界的尺寸擴增為全宇宙後便無計可施。這導致愛因斯坦發展出廣義相對論，以解釋大世界中的現象。一開始愛因斯坦和大家一樣，試圖解決牛頓力學的異例。後來他與眾不同，轉而質疑牛頓的基本假設。以慣性定律為例，不受外力下靜者恆靜、動者恆等速運動，這一條就被愛因斯坦推翻了。連帶地時間與空間的基本假設也被推翻，愛因斯坦的相對論得以成功解釋大世界的現象。

牛頓力學可以解釋中型物體的世界，相對論可以解釋大型世界，那麼小世界、原子甚或次原子的世界呢？次原子世界的很多現象與日常生活的直覺不同，例如在雙狹縫實驗中，一個粒子可以同時走兩個不同的路徑。物理學家只好說電子、光子、夸克等基本粒子同時具有波的性質和粒子的性質。相對論在小世界毫無用武之地，物理學家因此發展量子力學以解釋小世界。物理學家說，相對論與量子力學都是正確的理論，但是二者不相容，所以需要發現同時可解釋大世界和小世界的新物理學。

世界的層次階層與化約論

世界好像有層次階層的結構，最大的宇宙由星雲串組成，星雲串由星雲組成，星雲由恆星系組成，恆星系由行星組成，行星由其包含的物質組成；一直往小世界去，分子由原子組成，原子由質子、中子和電子組成，質子和中子由夸克組成。在世界最底部似乎有一堆不能再分割的最小粒子。這麼多大大小小的東西構成世界。這些大大小小的東西是存在於同一個層次，或分屬不同的層次構成階層呢？換言之，世界是扁平的，還是階層式的？

階層式的世界觀假定各層次存在的東西都有其本體地位（ontological status）。「本體地位」是哲學用詞，一般日常生活中不會用到這個詞。當哲學家說「東西 A 具有本體地位」意指 A 的存在不能化

兩種世界觀

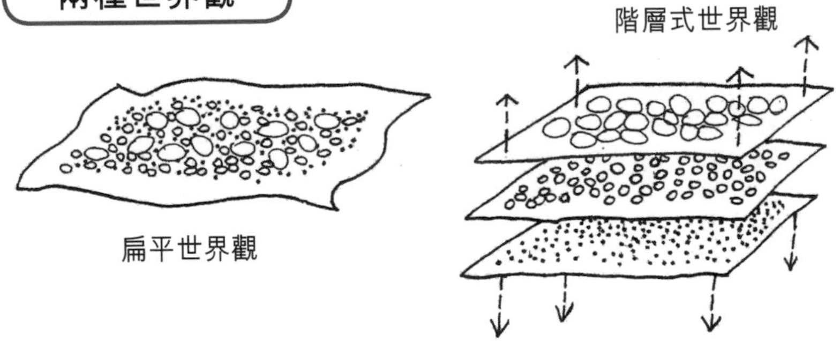

約到其他東西。例如石頭在量子力學理論所描繪的世界中沒有本體地位，因為石頭的存在可以化約到基本粒子。

量子力學只要假設基本粒子存在就足以解釋世界萬象，包括石頭；政治哲學的自由主義預設了個體主義為真，個體主義主張個人是社會最基本的存在，社會可以化約到個人；社會主義則剛好相反，主張社會是最基本的存在，不僅不能化約到個體，而且個體的存在還預設社會的存在。

在階層式的世界觀中，每個層次中的事物都獨立存在，不能化約，世界中充滿了大大小小，形形色色的東西，好不熱鬧。扁平的世界觀則認為所有的東西都可以化約到基本粒子。本體而言，扁平世界觀的世界只有基本粒子，數一數不到二十種，這是一個簡單的世界。但是物理學家覺得這個理論很美，豐富而多采多姿的世界只從少少的粒子展開來。

在階層式的世界觀中，每個層次都包含了一組東西，以及這些東西的性質、關係、動態運作的規律和相關的現象。問題是哪些東西可以構成一個層次？階層區分層次的原理是什麼？最簡單的原則是根據東西的尺寸大小，以及部分與整體的關係來分層。以分子和細胞為例，分子層次的東西是分子，細胞層次的東西是細胞。分子有其性質、關係及規律，細胞亦然。兩個層次之間的東西有部分及整體的關係。分子是細胞的零組件，細胞整體由分子構成。細胞做為一個系統，會有一些性質和規律是分子無法解釋的，細胞生物學不能化約到分子生物學。但是如果持扁平世界觀，會認為分子生物學可以解釋所有的生命現象，生物學保留細胞、器官、消化系統、內分泌系統等名稱，只是為了解釋複雜現象的方便性，不表示它們在理論上是必要的。分子層次的理論已經足夠解釋高層次的規律與現象。化約論是科學界的主流看法，至少在方法論上化約論是相當普遍的主張。化約論蘊涵扁平的世界觀。物理學家普遍相信粒子物理學可以解釋宇宙所有現象。雖然到今天，相對論與量子力學尚無法統整為單一的理論來解釋從極小世界到極大世界的所有現象，但是物理學家仍前仆後繼地尋找統一的理論或萬物論。

如何發現世界的層次？

芝加哥大學的演化生物學家威姆塞特（William C. Wimsatt）以調頻電臺為例，類比層次的發現。自然界不會明示她的層次，能觀察到的只是自然的複雜現象。問題是我們如何確定層次的存在？如何確立世界具有階層結構？這是經驗科學的問題，不是透過概念與邏輯分析就可以解答。

使用老式收音機選擇調頻電臺時，需要旋轉一個旋鈕來搜尋頻率。不是所有頻率都能對應到一個電臺，但即使沒有精準對到特定頻率，在某電臺頻率附近仍然可以聽到該電臺播放的音樂，只是混有雜訊。當頻率精準時，收到的音樂便能趨近於完美，毫無雜訊。威姆塞特認為這很類似我們尋求自然中層次的狀況。如果某一層次確實存在，就在那裡，自然會展現最大的規律，就像聆聽到毫無雜訊的音樂。如果在尋找它，它自然會回應。威姆塞特用最大規律性來確定層次的存在。世界到底有多少層次也是經驗問題，得透過科學研究才能知道。

最大規律性原則成立的前提，是這些規律不能被低層次的理論所解釋。也就是說，不同層次的理論有其自主性，不能化約到低層次理論。要解釋特定層次的規律性，得在該層次建立自主性理論。層次階層世界觀自然反對化約論、反對扁平世界觀；化約論則當然反對有所謂的高層次自主理論，認為所有高層次理論都可化約到最低層次。

「意識是什麼」至今仍然沒有好的答案，主要原因在於不論瞭解大腦運作的細節到什麼程度，這些腦歷程及功能與意識之間似乎連不起來。可以確定水的分子結構是H_2O，水有流體性、透明性、解渴等性質；儘管氫原子和氧原子沒有這樣的性質，這些性質卻可以從氫、氧和其他分子結構來解釋。然而，每當有頗具信譽的科學家提出新理論，說意識是如此如此的大腦歷程的產物，整個科學社群還是心虛，因為不論是怎樣的大腦歷程，和意識現象都沒有必然關聯，不像水與H_2O的關係。意識經驗的感覺內容也無法用大腦歷程或功能理解。

化約論的觀點認為意識是腦歷程的產物。如果不採化約論，可以怎麼看待意識？「突現性質」（emergent property）不是新提出的概念，早在二十世紀初，英國一批哲學家如布洛德（C. D. Broad）已著手發展所謂「突現論」（emergentism）的主張。突現論者會說，意識是大腦做為一個複雜系統突現出來的系統性質，稱為突現性質。突現性質不是任何大腦組件會有的性質，也不是所有大腦組件性質加總的結果。它做為系統性質是全新的。從大腦組件的性質，無法預測意識的產生。如果突現性質存在，那麼它應屬於一種高層次性質，不能化約到低層次。

扁平世界觀的麻煩

化約論主張透過其零組件的性質與運作原理，可以完全理解一個系統。只有線性系統能滿足化約論的要求，因為線性系統即其零組件之組合。但是自然界多的是非線性系統，整體不等於部分之和。例如生命系統的零組件是分子，但是不可能只藉著瞭解分子的性質而瞭解生命系統。生命系統是非線性的，不只是細胞的加總，更不只是分子的加總。生命做為複雜系統，其零組件之互動常會產生突現的形態，產生系統層次的新結構與新性質。

扁平的世界觀認為世界有個底，在這個底上有不可再分割的最小基本粒子。世界萬象都可以由這些基本粒子的性質與互動作用來解釋。扁平世界觀與化約論是一體之兩面，如果持扁平世界觀，一定同意高層次世界可以化約到最底層，認為高層次的東西只是低層次東西的組合，而且高層次的東西不會有任何新奇、低層次理論無法解釋的性質。簡單來說，不存在突現現象。可是前面已經提到，世界充滿了突現性質。大部分的科學家都持素樸的化約論，然而他們沒有認真瞭解化約論的意義，因此常會

「背叛」自己的素樸世界觀。

再從生物組織來看突現性質。多細胞生物有一些性質是從細胞之間的相互作用產生，個別細胞沒有這樣的性質。細胞組成組織，許多組織形成器官，一組器官組成系統（例如消化系統）。消化系統有消化作用，這是單一細胞沒有的功能。不過這種突現性質不會為化約論者帶來困擾，因為消化系統的功能還是可以從細胞的生化作用推導出來。意識現象就沒有這麼容易打發。從神經細胞的交互作用，甚至大腦的整體運作，都推衍不出意識現象。意識現象是大腦系統真正的突現性質。扁平世界觀論者須面對突現性質如何可能的問題。

總的來說，扁平世界觀面臨三大難題：世界從哪裡來？生命怎麼發生？意識是什麼？大霹靂理論說世界源於「大爆炸」，從一個無限小的奇點膨脹而來。但是物理學家仍無法回答：「大爆炸」之前呢？為什麼要有「大爆炸」？為什麼世界存在，而不是不存在？媒體偶爾會報導生命來自彗星或某個行星，或推測人類是外星人的移民等，這表示生命科學家其實無法回答生命源起的問題。第三個問題更切中要害，主流科學界的許多科學家直截了當地表示：科學恐怕無法瞭解意識。不過這樣的困境背後預設了扁平世界觀。如果採取階層世界觀，上述的三大難題是否仍難見曙光？

在階層世界中，高層次的東西是由低層次的東西組成，但組成原理並非僅將低層次的東西綑綁在一起，而需要結構、邊界條件（boundary condition）與環境脈絡訊息。一堆分子聚合在一起不會因而形成細胞。形成細胞還需要細胞結構、形成要件，以及細胞生存的環境訊息。這些訊息引導分子形成細胞。高層次的東西是獨立存在的實體，和組成它的低層次實體不同，是不能相互化約的兩個實體。這是為什麼前文提到階層世界的東西五花八門、好不熱鬧，大家的本體地位都一樣，沒有誰比誰更優先存在或比誰更真實。

扁平世界觀預設世界有一個底，存在不能再分割的基本粒子；階層世界觀有兩種可能：有底或無底。有底的階層世界仍是物理的世界，不脫唯物論的框架。無底的話就容許非唯物論的可能性。前文提過，惠勒的「it from bit」訊息理論主張世界最根本的存在是訊息，是非物質的。哲學家懷海德說是歷程。類似的說法都可以稱之為柏拉圖主義。柏拉圖用洞穴中的影像來類比物理世界，認為最真實的世界不是物理世界，而是形式或觀念的世界。訊息或歷程都不是物質，廣義來說，都算是柏拉圖主義。

萬物相互關聯，沒有事物獨立存在

小時候我是一個死硬的唯物論者，不相信有鬼魂，也不相信有神明和上帝。有時應母親要求去廟裡拜拜，答謝神明保佑我考上臺大之類的。母親虔誠地拜著，我不想招惹麻煩就跟著，但是心中總嘀咕：「我不相信神，如果有神，請你顯神蹟。」神蹟從來沒出現過，我當然也繼續當一個死硬派唯物論者，後來學了哲學也沒有改變想法，還學到很多辯護唯物論的論述。

直到大約二十年前，我開始困惑於意識經驗的問題。從此認真檢視唯物論的立論。研究意識動搖了我的形上學觀，我開始往二元論或唯心論傾斜。然而這兩種世界觀對我而言都有難解的困境。近十年來都在摸索雙面理論或中性一元論的可能性。我研究心靈和意識一直都採取跨領域的方法，會在神經科學、人工智慧和物理學中尋找好的點子。哲學的論述很抽象，看看經驗科學說什麼，其實很有啟發性，有時也能直接運用科學發現來支持哲學觀點。

在探討世界的階層結構和基本存在的問題中，我深為物理學家玻姆（David Bohm）所著迷，覺得他的物理架構有可能解決意識問題。玻姆不只是物理學家，他不忌諱主流物理學家對他的排斥，思想遊走於物理學與哲學之間。他也是紮紮實實的哲學家，可惜分析哲學圈不太關心科學的發展，也因此未注意到玻姆在形上學的特異觀點。我用下面一點篇幅介紹玻姆這個人給中文讀者。

玻姆在加州大學柏克萊校區從學物理學家歐本海默（J. Robert Oppenheimer）。玻姆是個理想主義者，也是學生左派運動的活躍分子，因此被美國ＦＢＩ認定為共產黨。歐本海默本來要帶他參與研發原子彈的曼哈頓計畫，但是因為他被認定為共產黨，沒有通過安全查核。沒想到他的博士論文發現了製造原子彈的相關算式，這個發現後來被曼哈頓計畫採用，而且列為國家機密。共產黨「身分」的玻姆被禁止看自己的論文，禁止討論與傳播，也禁止用來進行博士論文口試，論文委員會的委員也不可以閱讀論文。那怎麼辦？玻姆難道就畢不了業？還好校方通融，由指導教授歐本海默出具證明信函，證明玻姆已經完成論文，才順利畢業拿到博士學位。

一九四七年玻姆獲聘為普林斯頓大學助理教授，並得到愛因斯坦的賞識。沒想到碰上美國當時盛行的麥卡錫主義。在參議員麥卡錫的推動下，眾議院成立了「非美活動調查委員會」(House Un-American Activities Committee)，調查納粹與共產黨的活動，造成美國第二個紅色恐怖（the Second Red Scare）。玻姆被委員會傳喚作證，指證他的科學家同事或朋友參與共產黨活動。玻姆拒絕作證，因此被普林斯頓大學解聘。為了逃避美國當局的騷擾，他離開了美國，遠赴巴西任教。後來據說厭倦了巴西食物，轉往以色列，最後落腳倫敦大學。

玻姆涉獵甚廣，除了物理學之外，也有許多哲學、心理學、語言學和藝術的論述。他才華橫溢，卻命運乖舛。雖然在物理學上有傑出貢獻，卻被冷落。說他是二十世紀最重要的哲學家不為過，但是哲學界一樣忽略他，只因為他不使用分析哲學的語言。他與史丹佛大學神經科學家普里布拉姆（Karl Pribram）共同提出大腦的全息模型，腦科學家也普遍不知道有這號人物。

依據扁平世界觀的化約論說法，世界是由一些最基本的粒子構成。所有物體都在空間中占有一定位置，相互獨立。但玻姆認為這種說法無法真正瞭解世界，世界真正的存在，是所有東西未分割的整體（wholeness）。宇宙的存在並非切割為一個個獨立個體，而是完整的整體。這個不可分割整體也非靜態的存在，而是無邊界、未分割的流動。然而量子力學將世界看成離散、可分割的、獨立存在的物體（粒子），這是對整體實在界的表面理論，沒有抓到世界真正的深層結構。

玻姆假設不可分割的整體就是量子潛能（quantum potential），量子潛能即訊息潛能（informational potential）。每一個粒子除了本身性質如質量和自旋（spin）之外，還被環境條件和邊界條件的訊息所帶領。因為有這些訊息附隨在粒子左右，每個粒子都「知道」它是整體的一部分。對玻姆而言，他的訊息與惠勒的訊息有很大的不同，惠勒借用向農的訊息概念，只是承載訊息的能力，本身沒有意義。如同瑟勒在華語房間論證中所言，只是語法概念，本身沒有語意。為了區別，玻姆稱他的訊息為主動訊息。玻姆的世界觀可用下圖說明。

玻姆早期研究電漿（含高密度的電子和正離子的氣體），發現電漿中的電子行為與單一電子有異，不會單獨運動，而是

與其他大量的電子形成一個整體，集體行動，好像有生命一樣。這一大群電子之海似乎有引導者，依據某些規律運動。玻姆由此推斷存在量子潛能或訊息潛能來引導電子群的行為。量子潛能遍存全宇宙，透過環境訊息，引導所有粒子之運動。這裡所談的環境訊息不是區域性的訊息，而是宇宙整體的訊息。對玻姆而言，世界上所有的東西都全部相互連結。訊息潛能不可分割，它引導所有的東西的運動。訊息潛能是世界真正的根本存在，物理世界是我們的觀察結果。我們把世界看成我們看到的樣子，它只是表象，量子潛能才是實在。

玻姆的合作者希利（Basil Hiley）說過，原子可以分割成質子、中子、電子，質子和中子又可分割成夸克，物質的固態性怎麼來的？這個問題很有意思。以氫原子為例，去掉其所包含的粒子後，氫原子裡面百分之九十九．九九是空間。人的身體是由無數多的原子組成，但是物質總量所占的空間可能不到萬分之一。換句話說，身體大部分是空間構成，但我們卻覺得身體是固體，觸摸起來也是固體感，這是怎麼回事？玻姆認為沒有真空的空間，空間中其實瀰漫著量子潛能，它在瞬間同時運作，連結宇宙中所有的事物。氫原子中的百分之九十九．九九空間一樣充滿量子潛能。空的空間包含了宇宙中所有的訊息。這是動態的歷程，世界萬物只是訊息潛能顯現出來的物體。

物理世界與訊息潛能的關係

在上世紀初有一個心理學的學派，稱為完形心理學（Gestalt psychology），認為視覺不是不同的刺激（如顏色、線條、形狀等）加總而成，視覺是整體性的，看到的是整體的視覺圖像，顏色、線條等性質是分析後的結果。舉例來說，看見一顆蘋果時是看到蘋果整體，不是先看到蘋果的分疏性質，再整合成蘋果圖像。左圖是教科書常用的「少女與老婦錯覺」，可用來類比訊息潛能。

在圖中，所有的線條圖案都在那裡，訊息只有一套。看到少女或老婦？看到少女時老婦就消失，反之亦然。圖片中的一套訊息可以看成兩種圖像。既可以「抽取」少女圖，也可以「抽取」老婦圖。少女與老婦錯覺可以類比一個很簡單的世界，在那個世界中只有兩樣存在，即少女和老婦，但是一次只能有一個現身世界中。兩者的所有訊息都儲存在

圖片中，不去讀取時無所謂少女或老婦。只有當被讀取了，其中一個便完全顯現。看到老婦時，剛才看到的少女哪裡去了？她沒有消失，只是「回」到圖片中隱存起來。

這張圖就像玻姆的訊息潛能，讀取後出現的就是我們的物理世界。現在將世界放大為整個物理世界，將少女或老婦放大為玻姆的訊息潛能，就可以理解物理世界與訊息潛能的關係，如同上述錯覺的讀取和隱存的關係。我們經驗到的物理世界是讀取訊息的結果，世界中某物消失，例如死亡時，其非憑空消失、化為烏有，而是與之相關的訊息又被回收到訊息潛能裡。

玻姆這個說法與哥本哈根學派有很大的出入。哥本哈根學派主要代表人物是波耳和海森堡（Werner Heisenberg），他們認為物理學系統在觀察前沒有確切性質，量子力學只能預測觀察後結果的發生機率。我們的經驗世界是觀察之後才存在。玻姆則認為我們的世界一直都在，存在於物理世界或回收到訊息潛能。

顯出秩序和隱入秩序

玻姆用顯出秩序（explicate order）來稱呼物理世界，用隱入秩序（implicate order）

來稱呼訊息潛能。隱入秩序是純粹的訊息場，物理上可以觀察的現象自此訊息場開展（unfold）。現象通常只存在一段時間，現象消滅時其實是收捲（enfold）回訊息場。開展與收捲（unfolding and enfolding）不停地運轉，世界中的事物就在這個過程中，在隱入秩序和顯出秩序之間來來去去，玻姆稱之為整體運動（holomovement）。

不論是隱入秩序中的存在或顯出秩序中的物理事物，都具有整體性。隱入秩序即訊息潛能，其中的訊息內容或意義都不可以局部地定義，所有的訊息都相互連結，其意義依賴訊息整體的意義。所以說當一個人死了，其訊息被收捲回訊息潛能中是有點誤導；訊息不能分割，無所謂誰的訊息，任何物理事物的訊息都牽涉到訊息整體。為了容易瞭解，才用「某個東西的訊息」這種方便說法。

一個世界中的物理事物消滅，是被收捲回隱入秩序了。一個東西誕生，是從隱入秩序開展出來，進入顯出秩序。所以生生滅滅，事物從未真的消失，只是換了一個存在模式。再用海浪做類比：隱入秩序就如同平靜無波的大海，是訊息場之海，沒有能量的騷動便不會起波浪。大海波濤洶湧，浪花之頂多采多姿，熱鬧至極。這個浪花之頂的世界就是顯出秩序，也就是我們經驗到的物理世界。當浪花落回大海，從物理世界中消失，但依然存在，等待下一次再度捲起千堆雪。玻姆強調的是，最根本的存在不是物理世界中的粒子。粒子只是浪花，它的存在是基於大海的支撐。平靜無波的大海才是最根本的存在，是世界萬物緣起緣滅的原理。

從一粒沙看到世界

十八世紀末的英國詩人布萊克（William Blake）有首長詩〈天真的預兆〉，開頭四行流傳甚廣。「從一粒沙看到世界」就出自這首詩的第一行。我將這四行翻譯如下：

從一粒沙看到世界
從一朵野花看到天空
手心握住無限
剎那即永恆

這四行絕美的詩句似乎表達了世界的全息圖像。一粒沙含有全世界的訊息，一朵花含有全宇宙的訊息，在有限的手心空間，含有無限空間的訊息，一剎那的時間內，含有永恆的訊息，這毫無疑問是全息世界觀。不過布萊克是從詩人的角度體會世界的道理，並不知道有全息理論。

第八章討論了全息投影和全像理論。全息投影是用雷射技術製造出來的三維影像。全息的重要性質是，不論將全息光碟切成多小的碎片，每個碎片依然儲存了整體影像的訊息，雖然影像比較小也比較模糊。簡單來說，每個部分都包含整體的完整訊息。推廣到世界整體也是一樣的道理。世界的本質是一個壯麗的全息，整體訊息存在於任何個別事物，不論大小。因此一粒沙可以映照全世界，因為沙中存有全世界的訊息，甚至小到夸克也包含宇宙整體的訊息。這樣的說法雖有些神祕難解，甚至像是宗教的形容詞，不過想到每個人體細胞都有完整DNA，儲存身體的所有生理訊息，就像是個體包含宇宙完整訊息的具體想像。

碎形（fractal）現象是全息的自然實例。數學家曼德爾布羅特（Benoit Mandelbrot）在一九七五年創造了「碎形」這個詞，發展碎形幾何。在自然界中有很多不規則的形狀，有些形狀會以不同尺寸、重複出現相似的樣式。例如雪花、海岸線、河流、樹葉、水晶或山脈等。這些東西有自然的不規則形狀，例如樹葉的邊緣。如果取樹葉邊緣一小段，會發現整片樹葉的邊緣形狀在這一小段中完整出現。理論上不論取多小一片，同樣的不規則形狀仍會完整顯現。碎形幾何的發現是因為用歐氏幾何去測量，例如英國海岸線的長度，當丈量單位取趨向於零的值（很小的值）時，海岸線的長度會趨向無限大，但海岸線長度不可能無限大。丈量單位要取很小的值，是因為用較大的值為單位測量彎曲的海岸線時，會產生較大的誤差，若用公尺為單位測量髮夾彎，當然量不到真正的長度。為了解決這樣的悖論，曼德爾布羅特發明了碎形幾何。簡而言之，在自然界有很多形狀，不論尺寸縮到多小，相似的形狀都會重複出現。可見完整的訊息確實可以存在任意小尺度的個體，例如白花椰菜。

碎形、全息與訊息潛能

碎形、全息與訊息潛能三個概念的共通性在於整體性：部分包含了整體的訊息。

物理世界中的事物，不論有多小，都「攜帶」世界全部的訊息。雖然這三者具有共通性，碎形和全息畢竟還是我們經驗世界中的現象，訊息潛能的世界卻不是我們能經驗到的。我們的經驗世界在顯出秩序中，隱入秩序為世界根本的存在，卻無法被觀察。

訊息潛能引導世界所有東西的行為。以粒子為例，粒子並非單獨存在的東西，而是因為訊息潛能（場）的攪動，在特定區位發生區域性的粒子現象。粒子雖然在被觀察後占有特定位置，但是以它為「中心」延展出的訊息潛能，瀰漫整個宇宙，使得宇宙各角落的訊息瞬間為這個粒子所「掌握」。粒子的行為受到訊息潛能的引導與約束。觀察這個粒子時，會先「碰觸」到它的訊息場（潛能），訊息場會引導粒子對觀察做出反應。

玻姆的形上學的核心概念是整體性。世界上沒有分開獨立存在的物體。世間萬物好似分離，擁有各自身分，占有特定時空。古典物理學也是如此假定，世界是由獨立且分開的元素構成；玻姆不以為然，認為根本的實在是收捲與開展，粒子只是這個整體運動的抽象產物。

「抽象」這個詞有將部分從整體移開的意思。「抽象」與「具體」是相反詞。假如一棵樹是具體的，從樹上摘下的一片樹葉就是抽象的。「抽象」有部分的意思，「抽象化」在這個脈絡下意指將某物自另一相對完整之物中取出。所以當玻姆說粒子只是抽象的，表示粒子是從訊息潛能整體抽離。抽離出來的東西不能獨立於原來的整體而存在，一片樹葉不能獨立於整棵樹木而存在。當然樹木是大地的抽象，大地是太陽系的抽象，以此類推，萬物都是訊息潛能的抽象，或者說都是整體性運動的抽象。整體性運動是一個永不歇息的動態歷程。這讓我回想起第八章開頭提到懷海德的歷程形上學。他主張具體的物體其實只是歷程的抽象產物。這顛覆了傳統看法，原先大家以為是具體的物體反而變成抽象，是抽象的歷程反而成為具體。

玻姆認為可以改變對粒子的傳統瞭解，粒子不再是一直都存在於那裡的粒子，而是不斷進出訊息潛能。當粒子暫時「不見」，被收捲入訊息潛能；當粒子又出現，從訊息潛能開展出來，進入物理世界。如果進出訊息潛能的粒子在時空中接近的話，可以形成粒子在物理世界中的運動軌跡。粒子從來不能從整體分離出去，整體是粒子存在的基礎。如同全息的每一部分都包含了影像整體的訊息，宇宙的每一部分，不論多小，都收捲了宇宙整體的訊息；指尖收捲了世界整體的訊息；每個時間點都收捲了過去與未來的所有訊息；從一粒沙看到世界的道理也是如此。對玻姆而言，其實沒有部分，到處都可見整體。整體是不可分割的存在，也是萬物和世界的基礎。

世界觀會影響人生觀。如果你從來不思考類似本書討論的問題，不抬頭望一下天空，不想想這世界到底是什麼？為什麼你會在這世界上？只活在地球二維的球面體上，甚至只是家中方圓不出十里的地方，這樣的世界其實相當狹小，你的人生觀也會受到這樣的世界觀影響，每天煩惱的可能都只是瑣碎之事。玻姆的整體性世界觀，顯然在年輕時就影響了他看待政治與社會的角度。一個形上學的整體論者，會相信社會正義是再自然不過了。在他的書《整體性與隱入秩序》第一章，討論「碎裂的世界與整體性」問題，他說「破碎斷片的獨立存在只是錯覺，在碎裂的世界觀影響下，自我也從整體裂解出來，認為自我是獨立存在於世界上。我們因此不停地切割社會，區分你我、區分同類異類，以迎合碎裂的世界觀。」碎裂的世界觀帶來貪婪與仇恨、戰爭與毀滅。世界本一體，你我本難分，今天殘酷對待他人，無異殘酷對待自己。這解釋了為什麼他一生都是黑格爾主義的信徒，相信社會的整體性，相信碎裂只是錯覺。可惜這樣具有哲學深度的物理學家，長期以來被物理學界和知識界忽略。

從單子看到世界

我當研究生時，在美國印第安那大學向卡斯塔內達（Héctor-Neri Castañeda）學習理性主義哲學家萊布尼茲哲學，寫了一篇〈萊布尼茲的實體論〉當作期末報告。卡斯塔內達找我去談，說我的期末報告寫得不錯，希望能發展成博士論文。因為我不想做哲學史研究，就婉拒了。論文中討論了早期受笛卡兒影響的實體論和晚期的單子論（Monadology）。當時頗著迷於萊布尼茲的單子論，只是當時知識背景尚淺，不知道萊布尼茲的單子論已經隱含了當代碎形、全息與訊息潛能等理論的縮影。

萊布尼茲是繼笛卡兒與史賓諾沙（Baruch Spinoza）之後的第三位理性主義代表性哲學家。他是一個通才，不僅是理性主義大師，同時也是數學家和物理學家。個性外向好交遊，熱衷參與政治，當過外交官，同時也是律師。在數學方面和牛頓獨立發明微積分，今天我們所用的微積分是採用萊布尼茲的符號，他相信一切問題都可以用計算來解決，這是他發明微積分的動機之一。此外在物理學上常常向牛頓挑戰，重點之一是他反對絕對空間的假設。牛頓輩分高很多，根本不理會他，由其學生輩克拉克（Samuel Clarke）與萊布尼茲交鋒。這些書信後來出版成書，康德也受其影響。二十世紀的愛因斯坦重啟萊布尼茲質疑絕對空間的議題，發展出相對論。

萊布尼茲認為世界的根本存在是單子（monad），單子是最簡單的實體。他揚棄了笛卡兒的實體二元論，以避免心物問題的困境。單子論是一元論，不是唯物論，因為單子不是物質。單子是心靈嗎？是也不是。萊布尼茲批評有些人將單子視為心靈，以至於否認動物或實體的根本存在也是單子，或認為靈魂可以和身體分離。萊布尼茲的單子似乎介於心與物之間，這或許是受到史賓諾沙雙面論的影響。

單子是簡單實體，沒有零組件，沒有內部結構，不能被分割，數量無限多，是根本的存在。單子也不是物質，不占有空間；亦非自然力量所產生，而是被創造出來的。誰能創造單子？似乎非上帝莫屬。所有學萊布尼茲哲學的學生烙印在心，永遠忘不了的兩句話是「單子無窗戶，每個單子都映照全宇宙」。單子無窗戶，所以不與任何東西（包括單子）互動，外部力量也無從進出單子。單子不受自身以外的任何性質、力量或單子改變或影響。單子自我圓滿、不假外求。單子會不會太孤單寂寞？完全不會，單子自身熱鬧得很，因為每個單子都映照全宇宙，整個宇宙都「在它裡面」。

怎麼可能整個宇宙都「在它裡面」？單子有很多種，最低階的對應到無生物的物體；中階的對應到動物；高階的則對應心靈；還有一個至高無上的單子，就是上帝。萊布尼茲認為萬物都有知覺，包括石頭或細菌等。這種無生物或低等動物的知覺是無意識的。由無意識的知覺所形成的單子屬於最低階的單子。萊布尼茲認為宇宙中沒有不活躍、無生氣、死亡的東西，宇宙萬物都有知覺，但不一定有意識。有意識的知覺形成中階的單子，高階單子則需要理性與知識的知覺。

「知覺」這個詞是瞭解萊布尼茲的關鍵。單子有知覺與欲望（appetition）。欲望驅動知覺作用。知覺與欲望扮演單子自身內在的力量，交錯運作，有如在單子內部預先下載了宇宙所有故事的影片，然後逐一播放。單子自己知覺自己「播放」的宇宙影片故事。這裡的「知覺」一詞與神經科學所講的知覺不一樣，不能用同樣的方式來理解。可以說上帝創造了所有的單子，放進所有的經驗，亦即預先下載了全宇宙故事的影片。因此在心靈單子中，已預載了宇宙全部的故事。

萊布尼茲的「每個單子都映照全宇宙」可以用預載宇宙電影來類比。其實在單子世界中沒有全宇宙的東西和事件，只有宇宙的影片。宇宙的影片是我們的知覺經驗本身，彷彿在一個大夢之中，夢中有全宇宙，而在夢中的感覺再真實也不過，但是夢中一切都不真實，只是夢和夢中的知覺經驗。

動物的單子映照全宇宙道理亦同。看著我的黃金獵犬，牠也看著我。牠在我的單子世界中，可是那隻在我的單子世界中的黃金獵犬，不是物理世界中的牠、也不是牠的單子。在黃金獵犬的單子世界中，我在裡面，可是那個人不是物理世界中的我，也不是我的單子。無生命的物體道理亦同，唯一的不同是沙子、車子或細菌的單子世界也是由其知覺經驗所形成，只是無意識而已。

萊布尼茲給我們一幅圖像：宇宙中有無限多單子。人的心靈是單子，可是我們的身體卻有無數多的單子，每個細胞都有其對應的單子，每個細胞內的粒子也都有單子。許多單子可以組成複合體，複合體不一定有對應的單子。人或動物複合體會有對應的單子，人是心靈，動物是靈魂。無限多的單子之間完全不來往，完全沒有因果互動。宇宙萬物不論多小，都是單子。

所有的單子都映照全宇宙。「映照全宇宙」可以理解成「訊息」，所以萊布尼茲的意思變成不管東西有多小，小到粒子也一樣，其單子都包含了宇宙全部的訊息。這樣的說法不就是碎形、全息和訊息潛能的單子版本嗎？令人驚奇的是，在十七世紀，萊布尼茲已經預告了玻姆的理論，預告了碎形與全息現象！宇宙充滿單子，本身也是單子，上帝是至高無上的單子，物理世界建立在單子或訊息的基礎上，然而這個基礎卻不是物質。訊息有自有的內部能量，能自我運作，是永恆的動態歷程。這樣的世界觀不是美極了？

世界由一而生：史賓諾沙的雙面理論

哲學家羅素曾經以「最高尚也最討人喜愛的偉大哲學家」來形容史賓諾沙。他是一個實踐型的哲學家，認為追求幸福與救贖之道在於不停擴展心靈，以期能直觀地理解上帝、自然和律則，哲學做為精神上的實踐，目的在追求幸福與解放。史賓諾沙在《倫理學》中有如下的一段話：「生活在愚昧無知的人群中，一個自由的人當盡全力抗拒他們的利誘。……他應活在理性的指導下，竭盡全力地以愛與高尚來償付他人的仇恨、肆虐、輕蔑等。」

史賓諾沙的確辦到了。他出身猶太家庭，卻因為堅持所見，被視為叛徒，逐出猶太教區。基督教會也當他是無神論者，因為他認為上帝並未創造宇宙，主張宇宙是上帝的一部分。這種觀點稱之為泛神論，是一種自然神學。在這樣不友善的氣氛中，史賓諾沙靠磨鏡片為生，過著非常樸素、簡單的生活。海德堡大學曾經提供他哲學系的教職，條件是不得談論宗教，他拒絕了。也曾有人願收他為養子，便可以繼承大批財產，他也拒絕了。他要的就是做一個自由人。可惜在四十五歲英年，因吸入太多磨鏡片的粉塵而得肺癆過世。

笛卡兒認為世界最根本的存在包含兩類實體：心和物。不論萬物多麼繁複多樣，無數的個別實體都可歸類到心靈實體或物質實體。萊布尼茲認為世界最根本的存在是無限多的單子。雖然萊布尼茲沒有明白說明單子是心還是物，但是很顯然地它不會是物，因為單子沒有廣延性，不占有空間，比較像是心靈的；單子的世界是因其欲望與知覺而開展出來的經驗世界。這種觀點有唯心論的傾向。到了史賓諾沙，他不僅反對笛卡兒的二元論，而且不支持萊布尼茲的單子實體多元論。史賓諾沙比萊布尼茲年長十四歲，兩人的生命歲月重疊三十一年，對彼此都有巒深的影響。

史賓諾沙認為世界根本的存在只有一個實體，這個實體就是上帝——不要誤認史賓諾沙在傳教，記得前面說過，猶太教當他是異教徒，基督教當他是無神論者——史賓諾沙仿效幾何學寫了《倫理學》一書，全書從定義和公理出發，用邏輯推衍出整個形上學系統。實體可以自主存在，不依賴任何其他東西。不同的實體一定有不同本質，但兩個本質不同的實體不可能有因果作用。有限的事物會相互作用，所以不是實體。實體是無限的，有限的事物只是無限實體的某個面向而已。無限實體唯一、不可分割且永恆，沒有任何東西可以阻止無限實體的存在。依照定義，存在是上帝的本質之一。上帝不存在是矛盾命題。所以上帝存在，上帝是唯一實體，因為無限實體只有一個。無限實體只能有一個，道理很簡單：如果有兩個實體，它們必有不同屬性。無限實體有無限多屬性，根本數不完，無法確定兩個實體是一樣、還是尚未找到相異的屬性？這有點像涂林算機的停機問題。

史賓諾沙的上帝不創造宇宙，宇宙是上帝的一部分。任何東西包括心靈，都只是唯一實體上帝的不同面向而已。上帝實體既是物理的，也是心理的實體。上帝一方面可以開展出宇宙的臉孔來，也就是物理世界，另一方面可以開展出心靈世界。物理的世界和心靈的世界屬於上帝的兩個面向，而且在因果上相互獨立，各自形成封閉系統。

一個系統中的東西再怎麼樣交互作用，其產生的結果仍在該系統中，而且只有系統中的東西可以交互作用，系統內外的任何東西都不可能有因果交互作用。例如物體與物體交互作用的結果仍是物體，物體與非物質的東西不會有交互作用。這與笛卡兒「心物可以互動」的說法大相徑庭，也和萊布尼茲的「單子無窗戶，萬物皆無因果關係，一切都是上帝預先調好的和諧」完全不同。

雙面理論認為世界最根本的存在是唯一的實體——上帝實體，是為實體一元論（monism）。從這唯一的實體，開展出兩個領域：心靈世界與物理世界。換句話說，實體有心靈和物理兩個面向。心靈世界與物理世界在因果上相互獨立。如果接受雙面理論，那麼恐怕要放棄在腦中尋找意識發生的原因了，因為腦與意識沒有因果關係。可是怎麼那麼巧，腦與意識之間有系統性的關聯？為什麼某個腦區的作用與某個感覺知覺經驗永遠伴隨發生？史賓諾沙說，因為心靈世界與物理世界之間有同構關係（isomorphic），每個心理狀態都對應到一個腦狀態，而且心理狀態之間的秩序和連結關係，也對應到腦狀態之間的秩序和關係。但是同構關係不是因果關係，也許只是巧合，世界就是如此建造的；也許是萊布尼茲所說的上帝調好的預定和諧。

史賓諾沙的雙面向理論

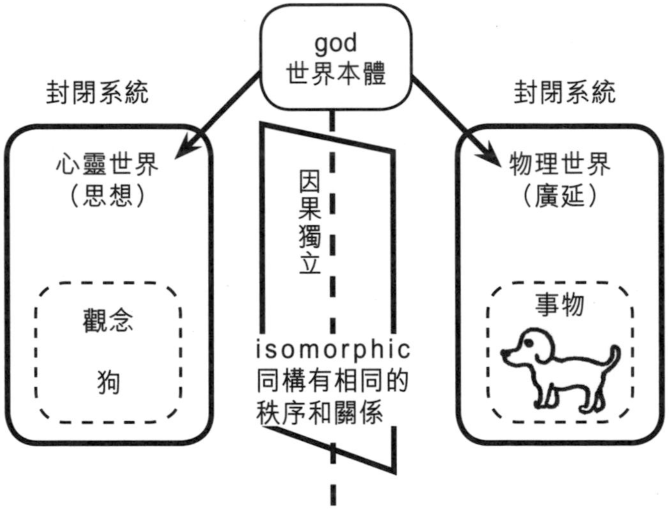

在根本存在層次，世界只有一個實體，心和物都只是這唯一實體的兩個面向。所以心腦同一論即使被批評得慘兮兮，也許尚有新出路。哲學家奈格就是用雙面理論來回應批評，主張在實體一元論下，心腦同一論可以成立。奈格不使用「上帝」概念，他訴諸未來可能的新物理學來描繪這個唯一的實體。惠勒訊息、全息宇宙觀、玻姆的量子（訊息）潛能等概念打開了取代「上帝」概念的可能性。

上帝、太一與道：流轉不息的開展與收捲

古希臘有個學派叫新柏拉圖主義，主要代表人物是普羅提諾（Plotinus），認為上帝是無限而永恆的，包括心靈與物質在內，世界萬物都由上帝所發散出來，他稱其為The One。在古代中國天文學中北極星叫做太一，後來成為民間信仰中的天帝。因此「The One」譯成「太一」似乎恰當，因為在東西文明史中都指稱上帝或天帝。所以如果不喜歡「上帝」一詞，可以使用「太一」。太一是唯一的實體，是最根本的存在，物理與心靈世界都由它發散出來。

在老子《道德經》中，有「道生一，一生二，二生三，三生萬物」的說法，可

以說老子把道當作宇宙的根本存在，並決定宇宙的生成變化。道和前面所談的訊息、全息、量子潛能、萊布尼茲的上帝單子、史賓諾沙的上帝實體或太一，有很高的相似性。更有趣的是，《道德經．混成章》有文：「有物混成，先天地生，寂兮寥兮，獨立而不改，周行而不殆，可以為天下母。吾不知其名，字之曰道，強為之名曰大，大曰逝，逝曰遠，遠曰反。」

道先於世界存在，獨立不改，而又永動流轉，開展出世界萬物，最後萬物消逝，又收捲回道。這是一個開展／收捲，反反覆覆，流轉不息的過程。道不假外力，它有自身動能，攪動訊息潛能的大洋，產生萬物，又復歸於道。也許我強為之解，但也發現一個從當代科學與西方哲學的角度來解讀老子《道德經》。

第十章

『永遠的奧祕？上帝的心靈？』

意識的根本性質是什麼？意識在自然世界中如何發生？大腦作用如何產生意識？意識需要特殊的生物機制，例如大腦嗎？是不是萬物皆有意識？意識只是伴隨物理作用而發生，它自己不能單獨存在嗎？意識在宇宙中的地位是什麼？意識是萬物之源嗎？是宇宙生成變化的基礎嗎？意識有什麼用？人能不能沒有意識仍好好地活著？

這一系列的問題到今天仍然沒有答案。世界上與我們最親近的莫若意識。每天早晨醒來，它就伴隨我們一整天，可是世界上我們最不瞭解的事物也是意識。知名認知神經科學家加扎尼加曾說，九〇年代十年之間，物理學和意識研究各出版了約萬篇論文，物理學有很大的進步，可是意識研究卻仍然原地踏步。可見意識研究之困難度有多高，在學界甚至於一直有很大的聲音，認為意識可能是永遠的奧祕！

唯物論、唯心論、二元論與雙面理論

唯物論是科學社群的主流觀點，在社會大眾之間，卻不流行。我念書的學校在美國印第安那州的布魯明頓市，那是一個約十萬人口的美麗大學城，約有一半的人口是學生。第一天到哲學系去報到，在門口遇到唐恩教授拉著單車往系裡去。我們互不認識。他問我是不是從臺灣來的學生，接著問我上不上教堂。我說對不起，我不上教堂。他連忙說不必說對不起，事實上哲學系沒有人上教堂。整個大學校園的氣氛就是唯物論和無神論。可是離開校園，教堂到處可見，多得不得了，簡直和臺灣的土地公廟密度一樣高。校園外的氣氛是二元論和有神論。唯心論太難懂，理解錯了，會質疑世界明明在那裡，怎麼說世界都是心靈的產物？雙面理論則是聽都沒聽過。

唯物論在科學社群中通常也只是素樸的假設，鮮有科學家認真瞭解它或為它辯護。也有許多科學家白天做研究時是唯物論，晚上就回歸「正常」，與普通人無異，信神也拜拜，甚至相信特異功能或隔空抓藥。倒是各領域的頂尖高手多會認真思考形上學問題，這也是為什麼他們的創造發明能力異於普通科學家。例如量子力學之父、哥本哈根學派始祖暨諾貝爾物理學獎得主波耳，認為「物理學只研究經驗」。物理學描繪經驗世界，無所謂世界本體，世界就是經驗世界，這是不折不扣的經驗論。哥本哈根學派主張，世界是有意識的觀察者觀察的結果，世界因為意識而生，世界的存在預設觀察者。哲學家會說這無疑是唯心論。

唯物論者認為心靈或意識就是腦歷程。「意識等於腦歷程」是一個等同句，所以這樣的主張叫做同一論。本書第六章提到克里普克對同一論的批評，他認為「意識等於腦歷程」充其量只是偶然真而不是必然真。永遠不能排除不是腦歷程的意識，永遠不能排除這個等同句可能為假。克里普克對同一論的批評幾乎是致命一擊。

唯心論主張世界的本體不是物質，根本的存在是心靈，世界由心靈衍生。「存在即被知覺」，英國經驗論哲學家巴克萊（George Berkeley）如此說。世界就是我們所能知覺的世界。唯心論的第一個困難是會陷入主觀性的囚牢。因為世界是心的產物，那麼客觀性如何可能？如果客觀性不可得，那麼何謂知識？何謂真理？而且因為知覺是主觀的經驗，每個人各自有其知覺，我不可能經驗到你的經驗，不可能痛你所痛、見你所見，因為我不是你。那麼我如何知道你也是有知覺的人？奈格的蝙蝠問題重問一遍，喪屍論證重來一次，我無從知道蝙蝠的感覺，我也不能確定你是有知覺的人或只是喪屍。我能確定的，只有「我有知覺」，而且我知覺我的世界，因此這世界只有我一個心靈。這便是獨我論。

如果存在即被知覺，知覺幻覺、錯覺和夢等也能被知覺，如何區分真實與非真實？唯心論會面臨真理與知識如何可能的困難。其次，我們的經驗世界有相當的持續性與一致性，可是知覺卻常不連續也不一致，這如何解釋？例如在山上看到許多美麗野花，這些野花因為被知覺而存在了；可是下山的時刻總會到來，離開了野花，不再知覺到它們，它們還在嗎？這就是王陽明「山中之花」的問題。王陽明認為天下沒有心外之物，不看這花時，心和花「同歸於寂」，花不在心外。若明天再上山，又看到同樣的花，這些花是昨天的花嗎？中間有一段時間花與心同歸於寂，要如何解釋花存在的連續性？

康德接受巴克萊的唯心論，但是主張山中之花不被知覺時仍然存在，稱之為物自身（things-in-themselves）。物自身不可知，不可知覺，可是它們必須存在，因為感覺經驗世界因其而有真實性。佛學唯識宗所講「離識無物」，物由心識而生。山中之花未被心所識時依然存在，是因為阿賴耶識之故。人有八識：眼、耳、鼻、舌、身、意等六識，加上第七末那識和第八阿賴耶識。阿賴耶識是一切諸法之種子，一切有為法之根本。這個說法和康德的說法相近。不過這樣發展下去就脫離巴克萊的主觀唯心論，而走向客觀唯心論。

雖然二元論的思想可以回溯到古希臘，但提出心物關係系統性理論的第一人，非笛卡兒莫屬。二元論最嚴重問題便是心物如何互動。根據笛卡兒的定義，心沒有廣延，不占有空間，不是物體也非能量。兩者之間的交互作用，必定牽涉到物體的碰撞或能量的交換。心既非物體也非能量，自然不可能和任何東西有因果作用。可是心身之間有緊密關聯，而且現象上，我們覺得心對身體可以操控自如，這如何辦到？腦中有沒有靈魂的座椅？

笛卡兒是頂尖的生理學家，對大腦組織和結構清楚得很。他發現腦中唯一不分存在兩個半腦的是松果腺。松果腺只有一個，而非分成兩半置於左右半腦。他認為松果腺扮演聯絡官的角色，協調心靈與身體。今天的神經科學已經很清楚松果腺的作用，包括分泌褪黑激素，可能和日夜生理節奏有關，而非協調心靈與身體。

唯物論無法解釋純粹的物理世界如何跑出心靈與意識，因此科學再進步，都逃不出哲學家查默斯所提之難解問題；唯心論無法解釋知識、真理與實在界的可能性；二元論無法解釋心身之間可能有因果關係互動；史賓諾沙的雙面理論似乎還有很多發展空間，而且它與最新的科學想像有不謀而合之處。回憶第九章關於史賓諾沙的段落：上帝是最根本的存在，可以開展出「宇宙的臉孔」（物理世界）和心靈世界。兩個世界在因果上獨立，各自形成封閉系統，而且兩個世界之間有同構關係。不妨看看雙面理論可不可以解釋其他理論失敗的原因。

假設史賓諾沙雙面理論為真。唯物論只處理了物理世界，而當心靈世界不存在。因為兩個世界之間沒有因果關係，所以物理科學根本無從觀察心靈世界的存在。物理論者當然無時無刻都可以直接經驗到心靈現象，同時也經驗到心靈與物理的同構關係，但是因為他們心中只有物理世界，所以極盡可能去找尋心靈現象的物理原因。結果當然是找不到，因為兩個世界之間沒有因果關聯。然而心靈世界是真實的存在，因此物理論完全遺漏了這個世界，並被心靈現象所困惑。因果獨立阻絕了物理論捕捉心靈世界之路。

唯心論是另一個極端，只關注心靈世界。心靈世界中包括心理歷程、觀念、思想、感覺、知覺、情緒等。我們依據觀察、歸納與演繹邏輯來組織及操作這些。然而我們會犯錯是因為物理世界與心靈世界同構，必須藉以檢驗真假。然而在唯心論的世界觀中，物理世界被取消了。我們被封鎖在心靈世界中，無從判斷實在與虛妄。

萊布尼茲乾脆放棄兩個世界的說法，把世界都塞到單子的知覺世界中；並假設有個上帝，預先調校好心物之間的和諧。史賓諾沙則主張世界根本的存在是上帝實體，它既非心也非物，但心物兩世界都從它那裡來。雙面理論如果成立，其他理論的困難似乎可以從雙面理論的架構中得到解釋。

訊息、全息、量子（訊息）潛能、太一、上帝：世界的根本存在

從西方哲學到當代物理學，從東方老子哲學中的道、佛學中的阿賴耶識，到自然神學中的上帝和東方神話中的太一，人類文明史上充滿洶湧澎湃的思想浪潮。令人驚奇的是，面對深奧不可測的心靈與意識黑洞，在不同的傳統、領域、時代中，偉大的思想家、哲學家和科學家們都朝著相似的方向發展。他們共同的策略是重新思考世界最根本的存在是什麼。

惠勒的名言「萬物由訊息來」，意味著世界的根本存在是訊息，不是物體、粒子，甚至不是場。做為物理學家，惠勒早年相信世界是由粒子構成，後來認為由場構成，到人生的最後階段，他相信萬物由訊息來。宇宙長得如今天的樣子，是因為我們參與其中，由我們的經驗創造出來。這是一個參與式的宇宙。萬物（it）由比特（bit）來，比特是訊息的單位，象徵訊息。訊息是人類在經驗世界時，因觀察而產生。

全息理論強調世界的整體性，且因為全息的特性，每一部分不論多小，都攜帶了宇宙整體的訊息。宇宙是全息投影的後果，活在全息世界，但全息訊息才是世界的根本存在。全息到底在哪裡？假設宇宙是三維的（四維不好想像），就像一個巨大泡

泡；全息儲存在泡泡外層的二維球形膜上，惠勒的訊息與全息的訊息都在世界中，好像房子的地基，不僅做為地基，也是房子的一部分。

玻姆的量子潛能和史賓諾沙的上帝實體，是更革命性的本體世界觀。惠勒的世界即訊息的世界；全息世界的訊息投射成我們的宇宙；萊布尼茲的單子就是經驗世界全部。然而量子潛能和上帝實體做為訊息潛能，不在我們的經驗範圍內，比較像康德的物自身，或超越經驗的存在。它們是經驗世界的基礎，但是不在經驗範疇之內。

玻姆的經驗世界屬於顯出秩序，我們的世界在這裡。量子潛能屬於隱入秩序，萬物終要被收捲回隱入秩序，等待下一回合的開展。我們活在宇宙中，但訊息潛能收捲的隱入秩序，在我們的世界之外。史賓諾沙的上帝實體如同玻姆的隱入秩序，開展出物理世界與心靈世界，但是上帝實體做為訊息潛能，不在物理世界，也不在心靈世界中。

意識在哪裡？意識是什麼？

我用了很多篇幅談世界的根本存在是什麼，主要理由是在唯物論的本體架構下，意識問題碰到一個很窄的瓶頸，或者說撞上大冰山。在第一章提到，自稱是唯物論加化約論的知名科普作家霍根出版《科學之終結》之後，於一九九九年出版《尚未發現的心靈》，認為意識問題可能永遠無解。查默斯的「難解問題」和奈格的「做為蝙蝠的感覺是什麼？」在科學界廣為流傳，影響深遠。這顯示科學社群對自家理論不具信心。在認知神經科學領域，還沒有任何理論敢宣稱特定的神經激發樣型，是衍生意識經驗的機制，頂多宣布找到某些神經關聯。其實比較有進展的是查默斯所說的易解問題，多是功能性的主張，沒有觸及經驗感質的問題。

為什麼這麼困難？或許這是瞎子摸象的問題。神經科學、心理學、物理學、哲學、宗教等皆從各自的角度摸象。面對意識的奧祕，大家都是盲人，各自宣稱摸到什麼東西。說法很多，理論很熱鬧，可是沒有人掌握到整頭大象。也許應該停下腳步，檢視一下對世界的基本假定。可能是錯誤的世界觀帶我們陷入死巷。在本書的最後，我要提出一個新世界觀的基本架構。這些當然不是我的發明，而是綜合我認為正確的各家之言。

先來看意識是什麼？意識是一種清醒狀態，無庸置疑。在昏迷或植物人狀態不會有感覺知覺。其次，意識經驗有內容，看到某些東西才有所謂視覺，吃到某種東西才有所謂味覺，以此類推。感覺經驗不會各自為主，零碎存在，一定屬於某人或動物，必定有一個主體擁有這些經驗。每個人或動物都有做為自己的感覺，因此所有的感覺經驗都有觀點，觀點就是「做為某某的感覺」的基礎。只有自己知道做為自己的感覺是什麼，所以感覺經驗有絕對的私密性。其他人永遠不知道我的感覺，只能知道我的神經激發樣型，只能以其經驗來類比我的經驗，人各擁有各自的經驗世界。很像萊布尼茲的單子世界，不過單子不僅絕對私密，連溝通都不存在。

到這裡所談的意識經驗包括視覺、聽覺、嗅覺、味覺與觸覺。大部分的動物都有這樣的意識經驗，類似唯識哲學的眼、耳、鼻、舌、身五識。演化上較低等的動物，其記憶能力相當有限，甚至只有本能沒有記憶。記憶涉及經驗的比較，如果無法比較現在與過去的經驗，就不會有記憶。如果記得昨天吃橘子的味道，意味著知道什麼味道是橘子味，什麼不是。這已牽涉到經驗的比較。第七章討論達美西歐的自傳式自我時，談到編纂自我故事的能力是產生自傳式自我的基礎。自我故事屬於情節記憶，記憶預設經驗比較能力。這又有點像唯識論的第六識意識，指的也是前五識的比較與分別能力。很多學者認為動物不具情節記憶，我認為這不是有或無的二分，而是程度問題。

有些動物具有第六識，擁有有限的記憶，甚至有粗略的自我故事。然而相當確定的是動物無法反思其意識內容，反思能力才能產生自我概念，就有思想、能推理、可以觀照自己的行為，甚至思考善惡、對錯。唯識第七識叫末那識，指有反思能力而產生自我概念，因有自我概念而生我執。

這七種意識哪裡來？這世界如何發生意識？上面只是簡單摘要本書對意識現象的描述。然而描述不是解釋，需要理論來解釋何以世上會有意識。如何來的？它是什麼？為了回答這樣的問題，我認為首先要揚棄唯物論和二元論，唯心論留校察看，先試試史賓諾沙的雙面向理論。雙面向理論主張心靈與物理世界是由非心、非物的中性實體所開展。世界的根本存在是這個中性實體，所以又稱之為中性一元論。這個中性實體是什麼？史賓諾沙稱之為上帝實體，具有無限的屬性。我們可以知覺到空間外延和心靈（思想），分別表達了無限實體的所有本質。

中性實體和老子的道似乎有相通之處。兩者皆為「有物混成，先天地生」，故為根本存在，永動流轉，開展出世界萬物。唯識宗的第八識阿賴耶識，含藏一切諸法之種子，一切有為法之根本。有人將阿賴耶識比喻作大海，我們的經驗世界就如同海浪捲起的浪花世界。道、阿賴耶識和玻姆的訊息潛能似乎指涉類似的東西，都是世界存在的基礎、萬物開展之源泉，也是萬物寂滅又收捲回去的歸宿。依照玻姆的說法，開展與收捲發生在顯出秩序（經驗世界）與隱入秩序（訊息潛能）之間，反覆發生，生生不息。《道德經．混成章》也講周行不殆，生滅交替。

意識是什麼？似乎有個輪廓了。意識不是由物理作用（包括腦歷程）產生，不能被化約到物質，是世界的根本存在。心靈現象和物理現象是意識的兩個面向。萬物由意識而生。意識、道、訊息潛能、上帝實體等指涉的都是同一個實體，它不是一個東西，而是運轉不息的歷程，世界從它而來，也是寂滅後之歸宿。「意識」在此指的不是唯識中的前七識，比較像阿賴耶識。為了避免混淆，套用玻姆的訊息潛能概念，稱之為意識潛能（Consciousness potential）。其他的感官意識和自我意識均屬於經驗世界，不能當作根本存在。

萊布尼茲的單子論認為萬物都有知覺，即使小如塵粒也有知覺，都是一個單子，映照了全宇宙，包含了全宇宙的訊息。意識潛能做為根本存在，也有整體性，每一部分包含全部的訊息，而且不可分割，不是碎裂的存在。碎裂的意識是經驗世界中的個體意識。我們覺得自己是獨立存在的心靈，其實是因為我們不可能經驗到心靈從意識潛能來，不知道自己雖然在表象上只是一個卑微的存在，其實渺小的個體意識也是意識潛能整體。我們不是意識潛能的部分，每個人的意識都攜有意識潛能整體的訊息——部分即整體。破碎斷片而獨立存在的個體意識是現象及錯覺。不論是顯出秩序或隱入秩序、心靈或物質，都有碎形或全息的整體性。一即多，多即一，世界本一體。我們來到這個世界，短暫停留後將被收捲回意識潛能，等待下次的開展，永動流轉。在這個意義下，意識不滅，心靈不朽，即使是物理世界萬物，也是永世不滅，訊息永存。

名詞中英對照

人名

下條信輔 Shimojo, Shinsuke
丹內特 Dennett, Daniel
巴伯 Barbour, Julian
巴克萊 Berkeley, George
巴貝奇 Babbage, Charles
巴倫 Barron, Andrew
巴爾斯 Baars, Bernard
比爾門 Bierman, Dick
牛頓 Newton, Isaac
加札尼加 Gazzaniga, Michael S.
加納 Garner, Joseph
卡斯塔內達 Castañeda, Héctor-Neri
卡羅 Carroll, Sean
古德曼 Goodman, Nelson
古德爾 Goodale, Melvyn A.
可勒斯 Kolers, Paul
史目特 Smoot, George
史汴斯 Spence, Charles
史柏林 Sperling, George
史特深 Strawson, Galen
史培里 Sperry, Roger
史賓諾沙 Spinoza, Baruch
布拉克 Block, Ned
布洛德 Broad, C. D.
布萊克 Blake, William
布蘭克 Blanke, Olaf
弗朗茲 Franz, Liz
弗德 Fodor, Jerry
休謨 Hume, David
吉爾柏特 Gilbert, Margaret
向農 Shannon, Claude E.
托諾尼 Tononi, Giulio
百里 Perry, John
米爾納 Milner, David
艾克爾斯 Eccles, John
艾爾遜 Ehrsson, H. Henrik
艾德蒙 Edelman, Gerald
克里克 Crick, Francis
克里普克 Kripke, Saul
克拉克 Clarke, Samuel
克萊恩 Klein, Colin
克羅內克 Kronecker, Leopold
希利 Hiley, Basil
李北特 Libet, Benjamin
沃林頓 Warrington, Elizabeth
沃森 Watson, James
狄面措 Di Ventra, Massimiliano
狄漢 Dehaene, Stanislas
貝肯斯坦 Bekenstein, Jacob
奇伍德 Kitwood, Tom
奈格 Nagel, Thomas
帕辛函姆 Passingham, Richard
庚斯博羅 Gainsborough, Thomas
拉馬前德蘭 Ramachandran, Vilayanur S.
波耳 Bohr, Niels
波普爾 Popper, Karl
保羅・邱奇蘭 Churchland, Paul
哈薩比斯 Hassabis, Demis
奎因 Quine, W. V. O.
威姆塞特 Wimsatt, William C.
帝敦 Tyldum, Morten
查默斯 Chalmers, David
洛夫萊斯 Lovelace, Ada
洛瑞斯 Laureys, Steven

派伯特 Papert, Seymour
派翠西亞・邱奇蘭 Churchland, Patricia
玻姆 Bohm, David
科塔爾 Cotard, Jules
科赫 Koch, Christof
范伯格 Feinberg, Todd E.
韋伯 Weber, Max
唐恩 Dunn, Michael
埃弗里特 Everett, Hugh
夏爾夫 Scharf, Caleb A.
庫樂曼 Kuhlmann, Meinard
格里芬 Griffin, Donald
泰格馬克 Tegmark, Max
海伯倫 Herbrand, Jacques
海耶克 Hayek, Friedrich
海森堡 Heisenberg, Werner
涂林 Turing, Alan
特胡夫特 't Hooft, Gerard
索恩 Thorne, Kip
馬今格 Metzinger, Thomas
馬克士威 Maxwell, James Clerk
勒杜 LeDoux, Joseph
康托爾 Cantor, George
康德 Kant, Immanuel
敏斯基 Minsky, Marvin
曼德爾布羅特 Mandelbrot, Benoit
笛卡兒 Descartes, René
麥卡利 McCarley, Robert
麥金 McGinn, Colin
傑尼斯 Jaynes, Julian
傑克森 Jackson, Frank
博斯特倫 Bostrum , Nick
惠勒 Wheeler, John A.
普列斯 Place, U. T.
普里布拉姆 Pribram, Karl
普特南 Putnam, Hilary
普羅提諾 Plotinus
萊文 Levine, Joseph
萊布尼茲 Leibniz, Gottfried W.
費格 Feigl, Herbert
費曼 Feynman, Richard
費爾騰 Felten, Ed
馮紐曼 Von Neumann, John
溫伯格 Weinberg, Steven
瑟勒 Searle, John
葛代爾 Gödel, Kurt
詹姆斯 James, William
達美西歐 Damasio, Antonio
達爾文 Darwin, Charles
漢莫洛夫 Hameroff, Stuart
維根斯坦 Wittgenstein, Ludwig
蓋洛普 Gallup, Gordon
赫拉克利特 Heraclitus
歐本海默 Oppenheimer, J. Robert
潘羅斯 Penrose, Roger
魯卡斯 Lucas, J. R.
賴希勒 Raichle, Marcus
霍布森 Hobson, Allan
霍吉斯 Hodgekiss, Anna
霍金 Hawking, Stephen
霍根 Horgan, John
戴維森 Davidson, Donald
薛丁格 Schrödinger, Erwin
薩克斯 Sacks, Oliver
薩斯金德 Susskind, Leonard
魏格納 Wegner, Daniel
魏斯克倫茲 Weiskarantz, Lawrence
懷海德 Whitehead, Alfred North
羅素 Russell, Bertrand
羅森薩 Rosenthal, David M.

術語

A-delta 神經纖維 A-delta fibre
C-神經纖維 C-fibre
NP-完備問題 NP-complete problem
一切從訊息來 it from bit
一無所有 nothingness
二元論 dualism
人工智慧 artificial intelligence
人格等同 personal identity
三元論 trialism
三層神經網路
three-layer neural network
上方路徑 high road
上丘 superior colliculi
上帝，太一 The One
上帝單子 God monad
下方路徑 low road
下丘 inferior colliculi
子集合加總問題 subset sum problem
干涉現象 interference phenomena
不可數 uncountable
不可數的無限大 uncountable infinity
中性一元論 neutral monism
互為主觀性 intersubjectivity
公理系統 axiomatic system
心靈 mind
心靈自我 mind-ego
四十赫茲振頻 40-Hertz oscillation
世界觀 worldview
丘腦 thalamus
丘腦－皮質層再進入迴圈
thalamo-cortical reentry loop
主動訊息 active information
主體 subject
主體性 subjectivity
主體性的裸點
a bare locus of subjectivity
功能論 functionalism
卡普格拉症 Capgras syndrome
可計算函數 computable functions
可數的 enumerable
失智症 dementia
平行分散處理模型
parallel distributed processing model
必然且先驗 necessary and a priori
未分割之整體 undivided wholeness
未注意之盲 intentional blindness
本體感覺 proprioception
本體論 ontology
全面性的工作空間理論
global workspace theory
全面的可使用性 global accessibility
全息投影 hologram
全腦工作平臺
global neuronal workspace theory
全像原理 holographic principle
共相 universals
再進入迴圈 reentry loop
同一論 identity theory
多項式時間 polynomial time
存在層次 level of existence
存有 being
宇宙單子 cosmic monad
安東－巴賓斯基症
Anton-Babinski syndrome
收捲 enfolding
自由不行動意志 free won't
自由意志 free will
自我 self

自我的綑束理論 bundle theory of self
自我意識 self-consciousness
自身幻視症 Autoscopia
自旋 spin
自然神學 natural theology
自然數 natural numbers
自傳自我 self: autobiographical self
完成的無限大 completed infinity
完形心理學 gestalt psychology
形上學的整體論 metaphysical holism
形式系統 formal system
杏仁核 amygdala
沒有身體的女士 disembodied lady
身體失識症 asomatognosia
身體自我 body-ego
事件視界 event horizon
具體 concrete
取用意識
consciousness: access consciousness
周邊系統 limbic system, the
延遲選擇實驗
delayed choice experiment
弦論 string theory
抽象 abstract
易解問題 easy problem, the
泛靈論 panpsychism
波 wave
波函數 wave function
物自身 thing-in-themselves
物理論 physicalism
盲視 blindsight
知覺器 perceptrons
糾纏系統 entangled system
邱崎－涂林設理 Church-Turing thesis
客觀性 objectivity
扁平世界觀 flat ontology
柏拉圖主義 platonism
科塔爾症 cotard syndrome
突現性質 emergent property
突現論 emergentism
突觸連結 synaptic connection
背側路徑 dorsal pathway
計算機，電腦 computer
原始自我 self: proto self
弱 AI weak AI
旅行銷售員問題
traveling salesman problem
時間框架 time frame
時間標記 time stamp
核心自我 self: core self
根本存在 fundamental existence
殊相 particulars
海伯法則 Hebbian learning rule
海馬迴 hippocampus
涂林算機 Turing machine
神經就緒 neural adequacy
索引詞 indexical terms
缺乏感質論證
qualia: absent qualia argument
訊息 information
訊息理論 information theory
訊息潛能 information potential
訊息整合理論
information integration theory
記算器 memprocessor
記憶算機 memcomputer
高階思想 higher-order thought
做為一隻蝙蝠的感覺是什麼
what it is like to be a bat

停機問題 halting problem
偶然且後驗 contingent and a posteriori
動態核心假說 dynamic core hypothesis
唯心論 idealism
唯物論 materialism
基態網路 default mode network
康托爾對角線證法
Cantor's diagonal proof method
強 AI strong AI
情節記憶 episodic memory
情緒意識障礙 alexithymia
桶中腦 brain in a vat
梭狀迴臉孔區 fusiform face area
深層學習 deep learning
現象意識
consciousness: phenomenal consciousness
現象經驗 phenomenal experience
理性論 rationalism
異手症 alien hand syndrome
符號操作 symbol manipulation
組織功能的不變性原理
organizational invariance principle
被動訊息 passive information
通用涂林算機
universal Turing machine
連續函數 continuous functions
閉鎖症候群 lock-in syndrome
喪屍 zombie
單子 monad
單子論 monadology
單側忽略症 Hemispatial neglect
場 field
場的振動 vibration of field
就緒電位 readiness potential
最小自我理論 minimal self theory, the
植物人 vegetative state
無限 infinity
無限集合 infinite set
痛覺失認症 pain asymbolia
痛覺受器 nociceptor
華語房間論證 Chinese room argument
虛擬實境 virtual reality
裂腦症 split brain syndrome
視盲病識缺失症 visual anosognosia
視覺皮質層 visual cortex
視覺雙系統理論
two systems theory of visual perception
超越經驗的統合知覺
transcendental apperception
超驗自然論 transcendental naturalism
量子相干 quantum coherence
量子崩現 quantum collapse
量子潛能 quantum potential
開展 unfolding
階層式世界觀 hierarchical ontology
黑洞 black hole
意識 consciousness
意識的神經關聯
neural correlates of consciousness
意識潛能 consciousness potential
感質 qualia
碎形 fractal
碎裂世界觀 fragmentary worldview
經驗論 empiricism
腦皮質盲 cortical blindness
腹側路徑 ventral pathway
葛代爾不完備定理
Gödel's incompleteness theorem
解釋的鴻溝 explanatory gap
跳躍感質 dancing qualia

電腦程式 program
預定和諧 pre-established harmony
夢 dream
實存 entity
實數 real numbers
實體 substance
實體二元論 substance dualism
算程 algorithm
算機狀態功能論
machine state functionalism
認知主義 cognitivism
語法 syntax
語意 semantics
語意記憶 semantic memory
遞迴函數 recursive functions
欲望 appetition
數學直觀論 mathematical intuitionism
數學樣型 mathematic pattern
數據計算
computation: digital computation
模仿遊戲 Imitation Game
模擬 simulation
窮盡搜尋 exhaustive search
質量 mass
學習算程 learning algorithm
整體 wholeness
整體運動 holomovement
整體論 holism
機器人 robot
歷程 process
獨我論 solipsism
輸入層 input layer
輸出層 output layer
聯結論 connectionism
聯結論網路 connectionist network
臉孔辨識失認症 prosopagnosia
薛丁格的貓 Schrödinger's cat
隱入秩序 implicate order
隱藏層 hidden layer
擴充實境 expanded reality
雙系統心靈 bicameral mind
雙面向理論 dual aspect theory, the
離散函數 discrete functions
額頂皮質層 frontoparietal cortex
鏡子測驗 mirror test
難解問題 hard problem, the
顛倒感質 qualia: inverted qualia
類比計算
computation: analog computation
嚴格指稱詞 rigid designator
顯出秩序 explicate order
靈魂出竅 out of body
觀察 observation
觀點 point of view

書名、篇名

《七堂物理課》*Seven Brief Lessons on Physics*
《反思葛代爾》*Reflections on Kurt Gödel*
〈天真的預兆〉*"Auguries of Innocence"*
《心靈與宇宙：為什麼唯物論者的新達爾文主義幾乎確定是錯的》
Mind and Cosmos: Why the Materialist neo-Darwinian Conception of Nature Is Almost Certainly False
〈心靈、算機與葛代爾〉*Minds, Machines, and Gödel*
《令人驚異的假設：靈魂的科學探索》
The Astonishing Hypothesis: The Scientific Search for the Soul
《伊利亞德》*Iliad*
《宇宙宏圖》
The Big Picture: On the Origins of Life, Meaning, and the Universe Itself
〈你活在電腦模擬的世界嗎？〉
"Are You Living in a Computer Simulation?"
《沉思錄》*Meditations on First Philosophy*
《改變了的自我》*Altered Egos: How the Brain Creates the Self*
《尚未發現的心靈》
The Undiscovered Mind: How the Human Brain Defies Replication
《重力電磁體，黑洞與量子泡沫》
Geons, Black Holes, and Quantum Foam: A Life in Physics
《科學之終結》*The End of Science*
《倫理學》*Ethics*
《純粹理性批判》*Kritik der Reinen Vernunft/ Critique of Pure Reason*
《這個數學宇宙》*Our Mathematical Universe*
《理想國》*The Republic*
《從雙系統心靈的崩解看意識的起源》
The Origin of Consciousness in the Breakdown of the Bicameral Mind
《無觀點之見》*The View from Nowhere*
《意識：一個浪漫化約論者的懺悔》
Consciousness: Confessions of Romantic Reductionist
《解釋意識》*Consciousness Explained*
《錯把太太當帽子的人》*The Man Who Mistook His Wife for A Hat*
《整體性與隱入秩序》*Wholeness and the Implicate Order*

Knowledge系列 007

誰是我？意識的哲學與科學

作　者——洪裕宏
主　編——邱憶伶
責任編輯——陳劭頤
責任企畫——葉蘭芳
封面設計——我我設計
插　畫——詹斯敏
內頁設計——李宜芝

董事長——趙政岷
出版者——時報文化出版企業股份有限公司
108019臺北市和平西路三段二四〇號三樓
發行專線—（〇二）二三〇六六八四二
讀者服務專線—〇八〇〇—二三一七〇五・（〇二）二三〇四七一〇三
讀者服務傳真—（〇二）二三〇四六八五八
郵撥—一九三四—四七二四時報文化出版公司
信箱—10899臺北華江橋郵局第九十九信箱

時報悅讀網——http://www.readingtimes.com.tw
電子郵件信箱——newstudy@readingtimes.com.tw
時報出版愛讀者粉絲團——http://www.facebook.com/readingtimes.2
法律顧問——理律法律事務所 陳長文律師、李念祖律師
印　刷——勁達印刷有限公司
初版一刷——二〇一六年十二月十六日
初版六刷——二〇二二年十月四日
定　價——新臺幣三六〇元

時報文化出版公司成立於一九七五年，
並於一九九九年股票上櫃公開發行，於二〇〇八年脫離中時集團非屬旺中，
以「尊重智慧與創意的文化事業」為信念。

誰是我？意識的哲學與科學 / 洪裕宏著. -- 初版. -- 臺北市 : 時報文化, 2016.12
面； 公分. -- (Knowledge系列 ; 7)

ISBN 978-957-13-6849-8(平裝)

1.意識　2.科學哲學

176.9　　105022689

ISBN 978-957-13-6849-8
Printed in Taiwan